Carlos M. Palacios Maldonado

# CUESTIÓN DE ACTITUD

**Una visión plausible de las relaciones interpersonales.**

"Los grandes problemas de la humanidad
nunca se resolvieron por leyes generales,
sino siempre únicamente por renovación
de la actitud del individuo".


(Karl Gustav Jung, "Lo Inconsciente", 1916)

# Contenido.

## PREÁMBULO

La anterior cita de Carl Gustav Jung es lo que más se acerca a lo que en el presente ensayo me propongo hacer: demostrar que en el campo de las relaciones interpersonales, lo individual es absolutamente decisivo en el comportamiento del todo social, más importante y decisivo que cualquier ideología, normatividad o estructura organizativa que pretenda disciplinarlo y encauzarlo. Visión obvia que, sin embargo, requiere ser explicada.

¿Por qué enfocarme en esta temática, la de la actitud individual, para un ensayo de índole social como éste? ¿Es razonable hacerlo, colocándola por sobre tantos otros temas evidentemente importantes como son los ya mencionados: ideológicos, normativos y organizacionales, o simplemente los que afloran en nuestro día a día desafiándonos a que les encontremos soluciones prácticas y concretas? Total, temas más acuciantes, como el crecimiento demográfico, el cambio climático, la corrupción, la delincuencia, la drogadicción, la violencia, entre tantos otros, revisten enorme importancia en nuestras vidas.

La respuesta que doy en este ensayo, en el sentido de que sí es razonable hurgar en la actitud individual, se basa en un enfoque micro, del individuo. En cambio, las reflexiones sociales tradicionales se basan en lo macro, en las manifestaciones sociales generales, en el curso general de los acontecimientos humanos, en lo holístico. Para ilustrar un poco el contraste, a continuación me permito poner dos ejemplos de enfoques tradicionales, de tipo macro.

La visión del porvenir humano de Pierre Teilhard de Chardin es de carácter procesal-evolutivo, esto es, la de un proceso biológico evolutivo de largo plazo. Un proceso que de alguna manera culminará con la evasión de la psiquis humana de su base material para formar una mente planetaria (la *noosfera*, superpuesta a la biosfera) y para la posterior fusión de esa mente planetaria con el punto Omega (Cristo). El ilustre jesuita reconoce la importancia de algo que es de base individual, como son los valores morales, pero lo hace de una manera más bien tangencial y escueta, al apuntar que la evolución terrestre de la vida no podrá rebrotar sin moralizarse [1]. En cambio, el presente ensayo, al hurgar en las potencialidades de la actitud individual, traslada el acento de lo macro evolutivo a lo micro volitivo, tratando así de complementar, y tal vez de morigerar, las visiones puramente evolutivas que existen sobre el futuro de la humanidad.

Otro ejemplo: para tratar de responder a la pregunta de si hay una *direccionalidad* en la historia del hombre, Francis Fukuyama sostenía que la democracia liberal podría constituir *"el punto final de la evolución ideológica de la humanidad, la forma final de gobierno, el fin de la*

---

[1] Pierre Teilhard de Chardin, "El Porvenir del Hombre"

*historia"*. Se trata de una visión ideológico-organizativa del conjunto social, que toma en cuenta *"la experiencia de todos los pueblos en todos los tiempos"* [2] En contraste, el presente ensayo pretende arrojar luz sobre la misma pregunta pero basándose en algo diferente: en la actitud del individuo, vale decir, poniendo el acento en la célula del cuerpo social, no en el cuerpo mismo. En lo micro, más que en lo macro.

La importancia que le doy a la actitud individual podría eventualmente ser considerada como meramente intuitiva. ¿Pero es que acaso la intuición de la que estamos dotados es un estorboso incordio que no sirve para nada? Pienso que no es irracional prestar oídos a nuestra intuición; lo irracional son ciertas aberraciones relacionadas con la intuición que se producen en determinadas circunstancias, como cuando, confrontada con la ciencia, se ve claramente que nuestra intuición andaba despistada, no obstante lo cual persistimos en ella, cayendo así en posiciones imposibles de sustentar racionalmente. O como cuando confundimos intuición con lucubraciones fantasiosas, e incluso claramente anti natura; en suma, como cuando hacemos un uso abusivo de nuestra intuición. Ahí, en esos errores, está lo irracional, no en la intuición en sí misma. También creo que las actitudes individuales deben ser analizadas no solo en su mismidad, sino también en las relaciones que se dan entre ellas a fin de iluminar tema tan importante y trascendente como es el de las relaciones interpersonales.

En el fondo, es este último tema, el de las relaciones interpersonales, el que ha estado presente siempre en mi mente. Especialmente ha estado presente la *calidad* de la actitud individual, esto es, si ésta ayuda o no al ascenso del conjunto social; si abona en favor del bien o del mal. Esta

---

[2] Francis Fukuyama, "El Fin de la Historia y el Último Hombre", Editorial Planeta, 1992, y artículo previo relacionado, de 1989.

mecánica dual, hacia el bien o hacia el mal, podría compararse con la rotación de la Tierra, que así como acerca a la luz solar a una parte del planeta, y aleja a la otra, sumiéndola en la oscuridad, las actitudes buenas ayudan a que la humanidad se acerque a la verdad y la justicia, en tanto que las malas hacen que se aleje.

De ninguna manera pretendo desconocer la importancia del enfoque macro al que los ejemplos tradicionales pertenecen, solo he querido remarcar la diferencia con la visión del presente ensayo, respecto a la cual debo decir, en suma, que no veo razones para no hurgar en el tema de la actitud individual. No veo porqué un buscador compulsivo de la verdad no le ha de dar la importancia que esa condición sicológica, la actitud individual, parece tener. Así pues, la temática individual no parece descocada, más bien racional y pertinente. No parece que Jung anduviera despistado cuando dijo lo que dijo. Adelante pues. El rumbo escogido luce prometedor.

Carlos M. Palacios Maldonado

carlospalacios@gye.satnet.net

Agosto de 2018

## PARTE I

### El ciclo de las actitudes

En el mundo de las actitudes existe un ciclo tipo "feed-back", con fases de interioridad, exterioridad y retroalimentación, cuya imbricación mutua dificulta comprender el funcionamiento de cada una de ellas, no obstante lo cual el ciclo con sus tres fases está ahí, existe. La actitud personal se desarrolla en el plano individual, pero incide en lo colectivo así como lo colectivo incide en lo individual. Es algo similar al caso de los holones [3]: el nivel inferior determina las posibilidades del superior, pero también el nivel superior incide sobre el inferior. Trataré de explicar la estructura y funcionamiento de este ciclo, y con ello el poder de las actitudes individuales involucradas.

**Fase de interioridad.**

En esta fase la actitud es interna al individuo, pertenece exclusivamente a su vida interior, y nadie más que él conoce sus virtudes y defectos, sus miedos y esperanzas, sus fortalezas y debilidades. Su personal actitud

---

[3] Holón: algo que es un sistema en sí mismo, pero a su vez es parte de un sistema mayor. El átomo es un sistema en sí mismo, pero forma parte de sistemas mayores.

permanece ignota para los demás hasta cuando el sujeto, ya en la segunda fase del ciclo, la hace explícita a través de su conducta. Mientras tanto, su actitud es, por definición, de naturaleza subjetiva, esto es, producto de la consciencia y la inconsciencia del individuo, y como veremos, de su voluntad.

¿Qué proceso sigue la construcción de la actitud individual? Existen factores pre-sociales y sociales responsables de la formación de las actitudes individuales. El factor pre-social es algo inherente a nuestra humanidad; es un conjunto de objetos psíquicos de los que estamos naturalmente dotados, como inteligencia, emotividad, estados de ánimo y sentido de lo divino (*sensus divinitatis*), aunque a algunos de ellos, como a este último, los sofoquemos con otra de nuestras dotes espirituales: la voluntad. Son cosas que proceden primariamente de nuestro propio yo. A partir de ahí, de lo más profundo, empieza la construcción de la actitud individual. Los factores sociales, en cambio, se originan en la convivencia social, como lo veremos después.

Debo destacar que en lo más profundo del yo es donde reside la libertad del individuo; libertad que aunada a su voluntad da forma a la actitud individual. La libertad, entonces, no es un mero derecho como algunos creen, sino una condición connatural del ser humano. La libertad como derecho aparece después, ligada ya no solo a esa condición sino también a factores culturales. Por cierto, a menudo la condición connatural es mal utilizada dando origen al libertinaje, pero eso no anula la connaturalidad. Lo malo no es la libertad, sino su mal uso, o dicho con palabras de barricada: libertad sí, libertinaje no.

Lo que finalmente define y da forma a la actitud individual es la voluntad del sujeto. Pero esta afirmación, siendo verdadera, es bastante simplista, toda vez que antes de la decisión volitiva los objetos síquicos, conscientes o inconscientes, influyen sobre ella. Es evidente que cosas conscientes como el pensar y el sentir, y otras inconscientes como el instinto y los traumas síquicos del pasado, influyen significativamente. Y también resulta evidente que precisamente por esa variedad de antecedentes no se puede garantizar que finalmente la voluntad, y por ende la actitud individual, actúen conforme a razón. Cuidado entonces con lo que pensamos y decidimos, no sea que después, en algún recodo del camino, nos encontremos chapoteando en el pantano, lidiando con las consecuencias de nuestros propios errores.

De nivel superior a cualesquiera otros factores que intervengan en la construcción de la actitud individual, la voluntad se yergue como factor decisivo. La existencia de ésta nos obliga a preguntarnos de quién es esa voluntad que actúa en un nivel superior al de los objetos síquicos que intervienen en la formación de la actitud individual. Esa voluntad pertenece a un ente espiritual, a una especie de super yo; a un ente con capacidad de percibir y apercibir [4], y que decide qué hacer con todo aquello que su consciencia le pone por delante.

Dicho esto, y antes de continuar, debo aclarar que el análisis que sigue se desmarca del debate sobre el origen de la mente y la consciencia [5], pues el interés de este ensayo se centra en la actitud individual en sí misma, más

---

[4] Apercepción: término filosófico que implica percibir que uno percibe; consciencia de que uno es consciente. Y por supuesto, también es "Tomar consciencia, reflexivamente, del objeto percibido" (Real Academia Española, RAE). En todo caso, un nivel superior de consciencia.

[5] Independientemente de que existan o no connotaciones que ameriten una diferenciación entre mente y consciencia.

allá de cuál pudiera ser el origen de la mente y la consciencia que la sustentan. Y ya inmersos en esa perspectiva cabría preguntarnos: ¿qué relación hay entre lo inconsciente y la actitud individual? En la obra ya citada de Jung, el psicólogo y psiquiatra suizo nos ofrece algunas ideas básicas sobre este punto. Dice que en lo inconsciente hay un afán de poderío; que las lesiones anímicas, anidadas en lo inconsciente, pueden incidir en la actitud individual; que si la voluntad lo permite, lo inconsciente puede filtrar sus contenidos hacia lo consciente. También dice que *"la moral (sic) no ha bajado del Sinaí en forma de tablas de la ley para imponerse al pueblo, sino que es función del alma humana…"* Hago estas citas, pese a que tengo algunos reparos [6], pues todas ellas implican que la voluntad juega un papel decisivo en la conformación de la actitud individual.

Por supuesto, no son solo estas cosas con las que el individuo construye su actitud ante la vida, su personal idiosincrasia. También intervienen, y muy poderosamente, los factores sociales, como tendremos oportunidad de ver con más detalle al estudiar la fase de externalidad. Ellos contribuyen a la formación de la actitud individual de las maneras y con los contenidos más heterogéneos que uno pueda imaginar. Sistematizarlos sería tarea inoficiosa dada su variedad y lo cambiante de las señales que el entorno envía al individuo: señales sobre valores ético-morales, pero también sobre antivalores; sobre solidaridad, pero también sobre egoísmo; sobre orden, pero también sobre caos; sobre ciencias, pero también sobre creencias, etc. En todo caso, el desafío que el individuo no puede soslayar, es el de considerarlos, el de valorarlos, depurarlos, y finalmente aceptarlos

---

[6] Por ejemplo, creo que no debió decir "moral" en el párrafo citado, sino "ética".

o no. Todo esto ocurre en su yo profundo. Ahí es donde se decide todo lo relativo a la construcción de la actitud individual.

En esta primera fase se presentan ciertos dualismos básicos en el individuo. Uno de ellos es su percepción sobre sí mismo o apercepción y sobre el entorno. En tratándose de sí mismo, percibe sus propios sentimientos y pensamientos, y se percata de cuán diversos pueden llegar a ser. Y por supuesto, también percibe la presencia del bien y del mal, incluso dentro de sí mismo.

¿Hay algo que lo ilumine sobre esas percepciones duales; que guíe su decisión? ¿Algo tan sutil que casi no nos demos cuenta? Solo se me ocurren algunas consideraciones generales: la construcción de la actitud personal es insoslayable, pues insoslayable también es el *ser* (verbo) consciente. Inexorablemente se presenta el momento en que el individuo comparece ante sus creencias y motivaciones más profundas, es decir, ante sí mismo, como también ante la *otredad* (los otros), de donde provienen mensajes muy disímiles, que también se ve obligado a considerar. En cuanto a sus motivaciones, éstas se originan en las experiencias de vida del individuo, y pueden ser muy variadas dentro de un abanico cualitativo que puede ir desde una elevada espiritualidad hasta el más recalcitrante materialismo.

Es con estos ingredientes básicos que el individuo empieza a dar forma a sus actitudes de vida, las mismas que pueden enderezar su proa hacia el bien o hacia el mal; hacia la verdad y la justicia, o hacia la falsedad y la injusticia; hacia el idealismo o hacia lo prosaico y lo banal, etc., es decir, siempre hay desafíos duales que necesariamente tiene que enfrentar.

También se presenta otra situación dual, en el sentido de que el individuo si bien puede considerar que lo único que le guía en la construcción de su actitud personal es su voluntad y solo su voluntad, también puede percibir, equivocadamente o no, que lo que le guía son cosas elevadas y externas a su propio yo, como un espíritu santo, una revelación, o una iluminación. O puede, en un acto de sinceramiento consigo mismo, reconocer que lo que lo guía son ciertas fuerzas oscuras que lo encaminan hacia el mal.

¿Fue siempre así la dinámica formativa de la actitud individual? Sí, siempre lo fue. Siempre ocurrió que se construyó con ingredientes del yo básico y profundo, y de aquellos otros procedentes del entorno; y siempre ocurrió que fue finalmente la voluntad del individuo la que definió su decisión frente a los dualismos que se le presentaban. Lo que no siempre fue igual fue la importancia, la ponderación, que dio el individuo a cada uno de los "insumos" que estaban a su alcance, y ello dio lugar a la formación de actitudes individuales diferenciadas, a veces muy diferenciadas.

¿Es libre el ser humano para definir su actitud individual? Hay quienes creen que no, que más bien hay un determinismo que lo hace. Otros, en cambio, estiman que el ser humano goza de libre albedrío para hacerlo. Es un punto que ya lo abordé brevemente en líneas anteriores, y que lo complementaré más adelante, también brevemente, con una referencia a los experimentos de Libet, pues lo que me interesa a los efectos de este ensayo es señalar que hay una primera fase, secreta, en la que el individuo define sus actitudes más allá de que lo haga libremente, como creo que lo hace, o impulsado por un determinismo insoslayable. Y es en ese punto cuando aflora aquello que es otra nota esencial de la naturaleza humana: la voluntad, por medio de la cual, aceptando unas cosas, por razonables o por inescapables, y rechazando otras, no solo que define su actitud individual, su idiosincrasia, sino también su *conducta,* su comportamiento, deslizándose así hacia la siguiente fase del ciclo.

**Fase de externalidad.**

En esta fase las actitudes individuales se vuelven *conductas,* que por definición son *exteriores* y por ende perceptibles por *el otro,* incluso cuando no se manifiesten abiertamente sino de manera sutil y subrepticia. También aparecen conductas o comportamientos grupales, según existan afinidades entre las actitudes individuales que, al visibilizarse, hacen posible la emergencia de las conductas colectivas. Pero, claro, lo fundamental siguen siendo las actitudes individuales, sin éstas no se formarían comportamientos colectivos.

En esta segunda fase se forma una especie de *tank* de conductas que interactúan influenciándose unas a otras. Se trata de influencias que se dan para bien o para mal, y van desde aquellas que elevan la humanidad de la gente, hasta aquellas que la degradan. Así, lo más destacado de esta fase son las repercusiones, directas o indirectas, que las actitudes individuales, a través de las conductas, tienen sobre la sociedad. En ese tank de conductas y comportamientos aparece la intersubjetividad, esto es, la conexión e interacción entre subjetividades individuales. La intersubjetividad emerge gracias a la comunicación entre los individuos, cualesquiera que sean las formas comunicacionales, incluyendo todo tipo de interacciones personales y sociales. El resultado puede ser de consensos o disensos, explícitos o implícitos; coincidencias o no en las percepciones; conocimientos compartidos; empatías, etc.

Un ejemplo de intersubjetividad fue la que tuvo lugar en 1968 con motivo del levantamiento estudiantil de París: subjetividades individuales de inconformidad y tensión que prontamente se convirtieron en una extendida y beligerante intersubjetividad social que hizo temblar a toda Francia. En la actualidad las subjetividades individuales se comunican más fácilmente entre sí gracias a las redes sociales, dando por resultado una efectiva conformación de intersubjetividades, más allá de la relevancia que puedan tener, la cual puede ser muy variada: desde aquellas que versan sobre modas y otros asuntos banales, hasta las que desembocan en efectivas convocatorias a grandes jornadas de masas.

En otro plano, más "operativo", la propagación de las actitudes individuales en el tejido social suele ocurrir a través de ciertos mecanismos especiales. Destaco, a manera de ejemplo, que en un ensayo anterior [7] hice una descripción pormenorizada de ciertos mecanismos que propagan los errores humanos, más allá de que también puedan propagar los aciertos, mecanismos a los que denominé efectos *dominó, demostración* y *presión* (denominaciones no necesariamente mías), plenamente aplicables a la propagación de las conductas individuales.

Los efectos *dominó* son inherentes a nuestra vida en comunidad. Se producen de forma prácticamente automática, casi inconscientemente, casi inevitablemente. Los hay desde los más sencillos, cuya existencia es fácilmente comprobable, hasta aquellos otros cuya operatividad no es tan evidente, y requiere de elaboradas explicaciones para determinar su

---

[7] Carlos M. Palacios M., "La Sabiduría Profética de Jesús"

presencia. Imaginemos una larga hilera de automóviles viajando a lo largo de una autopista con visibilidad restringida, y que en esas circunstancias el conductor que va en punta frena intempestivamente. Es fácil prever que los vehículos de la fila, incluido el primero, sufrirán las consecuencias. Por cierto, la acción del primer conductor pudo o no haber sido equivocada, pero el asunto no viene al caso, pues lo que quiero destacar con este ejemplo es el efecto dominó en sí mismo, independientemente de que lo originen actitudes y conductas moralmente aceptables o no.

Desde luego, hay otros efectos dominó mucho más complejos, más difíciles de entender y de explicar, como lo fue la Gran Depresión económica iniciada en Estados Unidos el 29 de octubre de 1929 con el desplome de la bolsa de valores, o las actualmente denominadas *"burbujas"* que suelen presentarse en el ámbito económico-financiero, y que cuando entran en crisis conllevan cadenas de quiebras de sus actores, como ha ocurrido con las burbujas inmobiliarias, por ejemplo. Lo importante de estos ejemplos es que si se rastrea sus causas últimas se verá que siempre se originan en actitudes y conductas individuales, que se propagan o pluralizan. Hubo por ahí algún banquero avispado que se percató que podía hacer crecer su negocio bancario otorgando préstamos inmobiliarios prescindiendo de razonables requisitos: los famosos préstmos *ninja* [8], y lo hizo, demostrando una actitud irresponsable. En todo caso, cualquiera que sea la forma que asuma el efecto dominó, lo cierto es que constituye un importante factor de propagación de las actitudes.

---

[8] No income, no job, no assets.

A diferencia del efecto dominó, en el que, una vez iniciado, la inevitabilidad parece jugar un rol protagónico en la mayoría de los casos, en el *efecto demostración* el deseo de *imitar* resulta ser lo más relevante, aunque no inevitable. La expresión se utiliza principalmente en el campo económico. James Duesenberry fue quien la acuñó para expresar que el consumo de un individuo depende no solo de su ingreso y sus necesidades, sino también de su deseo de emular el consumo de grupos de ingresos mayores al suyo [9]. Se trataría de una aspiración primaria en el ser humano, que intenta satisfacerla a toda costa, incluso privándose de consumos básicos y necesarios.

El efecto demostración trasciende el campo del consumo y se revela en varios otros campos sociales, con efectos buenos o malos, según lo que sea objeto de imitación. Tiempo atrás circuló en la prensa de varios países un artículo originalmente publicado en el New York Times, sobre la corrupción en la China actual[10]. Se basaba en un informe del Banco Central chino que involucraba a funcionarios chinos, médicos, jueces, periodistas, directores de centros educativos y altos líderes políticos, en actos de corrupción, pero lo más destacado a los efectos de lo que estoy tratando de explicar, no eran esos actos en sí mismos, sino una frase medio perdida en el largo texto del artículo. Decía el autor que hasta las buenas personas recibían sobornos, *"porque todos los demás lo hacen"*. Ahí está retratado de cuerpo entero el efecto demostración, en este caso con connotaciones claramente repudiables. Inicialmente alguno o algunos cayeron en la tentación de aceptar sobornos, y de ahí en adelante otros los imitaron

---

[9] Rodrigo Borja, Enciclopedia de la Política.
[10] Nicholas Kristof, "Un cuerpo, un escándalo y China"

hasta que la magnitud de la corrupción se volvió *alucinante,* para usar las mismas palabras del autor del artículo.

Igualmente repudiable y alucinante fue el ataque informático que ocurrió en mayo de 2017 contra usuarios de internet en aproximadamente 100 países. A partir de la filtración de ciertos documentos de la Agencia de Seguridad Nacional (NSA), de Estados Unidos, ciertos *hackers* bloquearon los archivos de esos usuarios para luego exigirles dinero a cambio de proporcionarles las claves con las que podrían recuperarlos. Todo un chantaje a nivel planetario, aupado en las nuevas tecnologías que al tiempo de empoderar lo bueno, lamentablemente también empoderan lo malo. Un ataque al que luego se sumaron hackers de todo el mundo siguiendo la lógica de la imitación.

Se imitan actitudes individuales ética y moralmente plausibles, pero en muchas otras ocasiones no. Sobre esto último, en un reciente ensayo [11] Mario Vargas-Llosa destaca que la búsqueda del escándalo y la chismografía barata ha tenido como secuela que en muchas democracias lo que más se conozca de sus actores sea solo lo peor. ¿Qué actores? Principalmente los políticos, pero también cualquier famoso: artista, deportista, millonario, prostituta, delincuente, o cualquier otro personaje que se destaque; todos ellos son elegibles para satisfacer esa infinita sed de banalidad que caracteriza a tanta gente.

Estos casos también muestran que no existe una frontera clara entre los efectos dominó y demostración. Por el contrario, trabajan imbricados, al punto de lucir como que desapareciera la diferencia entre ellos, pero la diferenciación existe, solo que está dada por matices predominantes:

---

[11] Mario Vargas-Llosa, "La Civilización del Espectáculo", Editorial Alfaguara. Primer libro del autor después de recibir el Premio Nobel de Literatura 2010.

cierto grado de inevitabilidad predomina en el efecto dominó, y una clara inclinación a la emulación, en el segundo. En cualquier caso, el efecto dominó es otro importante factor de propagación de las actitudes.

Un tercer factor de propagación es la *presión*, que para bien o para mal ejerce el entorno social sobre la conducta individual, empoderada por el hecho de que el ser humano también es víctima de una debilidad espiritual interna que le dificulta poder resistir las tentaciones provenientes del entorno. Y aquí nuevamente nos enfrentamos a algo que en muchos casos apunta hacia el mal. Se trata de actitudes y conductas que una persona adopta porque se ve *obligado* a someterse a ella, a su pesar. Un ejemplo de esto último lo encontramos en un trabajo profundo y bien documentado de Hernando de Soto, sobre la informalidad en el Perú, esto es, de aquella actividad económica que realizan las personas naturales al margen de la legalidad, generalmente obligadas por la circunstancias [12]. Una sección del trabajo ("La informalidad en la industria") reseña un experimento social que realizó su grupo de apoyo, consistente en tramitar el establecimiento de una pequeña industria de confección de vestuario, como lo haría una persona de origen modesto, sin pagar coimas, sino solo *"...en aquellos casos donde, pese a contar con todos los requisitos legales exigidos, esa fuera la única posibilidad de superar el trámite y continuar con el experimento"*. El autor relata que en diez oportunidades se les ofreció a sus investigadores acelerar el trámite a cambio de una coima. Lo desolador de todo esto fue que, como cuenta el autor, *"En dos de ellas hubo que ceder, ya que no existía otra manera de seguir el procedimiento"*. Obligada conducta hacia el mal -dar coimas- debida a la presión del entorno. Por cierto, esto no es

---

[12] Hernando de Soto, "El Otro Sendero", Editorial El Barranco, 1986.

nada nuevo, estamos acostumbrados a estos episodios que se repiten en la mayoría de las burocracias del mundo. Lo lamentable es que las autoridades a menudo abusan de su capacidad regulatoria, imponiendo frondosos, repetitivos e innecesarios requisitos, y ese abuso contribuye al florecimiento de conductas corruptas, o es corrupto en sí mismo [13].

En síntesis, la dinámica de la fase de exterioridad, actuando a través de los tres efectos operativos ya mencionados, propagan las actitudes individuales, buenas o malas, todo lo cual contribuye poderosamente a definir el carácter ético general del conjunto social.

**Fase de retroalimentación.**

Y entonces ocurre lo más destacable del ciclo: la segunda fase transmite sus desarrollos e influencias a la primera fase, es decir, a aquella donde primariamente se forman las actitudes individuales. Es que en la segunda fase germinó una dinámica de intersubjetividad [14] que incidió sobre las actitudes individuales.

Al llegar a este punto hay que aclarar que las tres fases del ciclo tienen lugar *en un mismo individuo,* raíz de todo lo grupal. Se trata, simplemente, de *momentos* diferentes en la sique del individuo: uno en el que tiene lugar la formación primaria de su actitud individual; otro en el que su actitud individual se expresa de forma conductual influenciando o siendo

---

[13] El libro de Hernando de Soto contiene una serie de fotografías sobre la informalidad, una de las cuales es por demás significativa (p. 168). Ahí aparece el grupo de apoyo que realizó el trabajo de campo sosteniendo una tira de papel, del ancho de una hoja de escribir corriente, de *31 metros de largo,* que contenía la lista de los requisitos y trámites necesarios para constituir legalmente una pequeña industria.

[14] Concepto psicológico relativo a las interacciones entre las consciencias individuales. Estas interacciones llevan a acuerdos y desacuerdos en lo que a la interpretación de la realidad concierne.

influenciado por la otredad; y, otro en el que, *si el sujeto es influenciado por la actitud y conducta del otro* [15], revisa y redefine su propia actitud individual, y si no  es influenciado, la ratifica o la deja incólume. De modo que el ciclo es circular: la primera fase está influenciada por la última, y ésta por la primera. Como perro juguetón que muerde su propia cola.

 Con respecto a aquello de que *"si es influenciado por la actitud y conducta del otro..."*, es necesario aclarar que cuando está en la segunda fase del ciclo, el individuo también *puede* actuar en función dual: siendo influenciado por la actitud y conducta del otro y al mismo tiempo influyendo sobre la conducta y actitud de éste, es decir, como influenciado e influyente. Dije que *puede,* porque no necesariamente actúa en función dual: también puede ser solo influyente o solo influenciado.

¿Cuál es la naturaleza de las influencias? Es todo lo variopinta que uno se pueda imaginar. Las influencias pueden ser de carácter ético-morales (en su sentido positivo), pero también inmorales, o peor aún, amorales; pueden ser atingentes a vivencias morales específicas o a valores morales universales; pueden versar sobre creencias religiosas o no religiosas; en el plano religioso pueden favorecer posiciones deístas, teístas, ateístas o agnósticas. La influencia también puede hacerse presente a través de desarrollos científicos o sociales. Así mismo, puede aportar información sobre diferentes campos de la experiencia humana, con lo cual también se puede influenciar. En fin, la gama de influencias es enorme, pero las que más interesan a los efectos del enfoque central de este ensayo (el de las relaciones interpersonales) son aquellas relacionadas con lo ético-moral,

---

[15] Huelga decir que siempre hay influencias, pues somos animales sociales. Lo que ocurre es que en tratándose de principios éticos y morales, sí hay espacio para la firmeza de las actitudes individuales, para bien o para mal, de modo que tales principios se mantengan incólumes pese a la presión social.

es decir, aquellas que apuntan hacia el bien en unos casos y hacia el mal en otros, retroalimentando la actitud individual forjada en la fase de interioridad. Y ya ubicados en el tema del bien y del mal cabe preguntarnos: ¿de qué o de quién depende la calidad de la retroalimentación?; ¿de qué depende que ésta enfile su proa hacia el bien o hacia el mal?

En realidad las dos preguntas son la misma cosa, pero con diferentes matices. Respecto a la primera de ellas, es obvio que el feed-back en sí mismo depende del individuo, pues es él quien decide si concuerda o no con las actitudes individuales provenientes del entorno, si acepta o no las actitudes grupales, las cuales, empero, siempre se originan en los comportamientos individuales.

Con respecto a la segunda pregunta, podemos decir que es la voluntad, esa característica fundamental de la psiquis humana, la que decide si elige el bien o el mal. Podríamos agregar, de manera simplista, que la orientación hacia el bien o hacia el mal depende de la condición ético-moral del individuo, pero eso solo dislocaría la pregunta a otro nivel: ¿y de qué depende la estructura ético-moral del individuo? Y aquí es donde vamos llegando al meollo del asunto.

Sería un error creer que hay una respuesta única, por ejemplo, que la estructura ético-moral responde solo a factores objetivos y concretos. Eso no es verdad, pues hay factores tanto objetivos como subjetivos que tienen que ver con el tema. Hay factores internos al yo, como las convicciones, la sensibilidad perceptiva, y en general, la espiritualidad, y factores externos como el entorno inmediato (la familia) y mediato (la no familia), la tradición, las costumbres y la cultura, y es con todos estos factores con los que tenemos que lidiar a la hora de elegir entre lo que consideramos bueno y lo que consideramos malo, pero finalmente es nuestra naturaleza volitiva la que decide, no podemos librarnos de nuestro sino existencial de tener que decidir entre opciones. Al no incidir sobre lo espiritual, la evolución biológica no nos salva de tener que decidir volitivamente, no nos hace más aptos para hacerlo de la mejor manera. Estamos condicionados a hacerlo libremente. Nunca como en este punto fue más oportuno decir, con Sartre, que estamos *"condenados a ser libres".*

Hay quienes creen que en realidad no somos libres de elegir, sino que estamos condicionados a hacer lo que hacemos. Suelen mencionar como argumento a su favor los experimentos de Libet, pero lo que tales experimentos demuestran es, más bien, que hay algo que parece ser superior a la materialidad del cerebro: la voluntad. El cerebro solo hace una preparación, pero es la voluntad, parte fundamental de nuestra actividad mental consciente, la que finalmente decide. Tanto así, que

---

[16] En los años 70 el neurólogo Benjamín Libet, junto a varios de sus colegas, realizaron investigaciones sobre la actividad cerebral relacionada con la consciencia. Los experimentos que realizaron demostraron que hay eventos cerebrales eléctricos, inconscientes, que *preceden* a la sensación consciente del individuo de haber tomado una decisión. Esos eventos, a los que denominaron *"potencial de preparación" (readiness potential)* preceden a la sensación consciente. Esta precedencia parece servir de argumento a algunas personas para sostener que el ser humano no es libre, sino que está sujeto a un determinismo proveniente de su humanidad física. Pero el asunto no es así de sencillo, pues la consciencia y la voluntad tienen la capacidad de abortar el curso de los acontecimientos iniciado por el *readiness potential,* incluyendo la interrupción de la acción a la que dicho curso hubiera dado lugar si no hubiese sido interrumpido. El propio Libet dice que: *"… aún una vez que el cerebro ha preparado el acto, todavía queda tiempo para ejercer un veto consciente que pueda detener el proceso evitando la acción muscular".* Así pues, hay algo más que pura materialidad cerebral involucrado en el tema.

luego de esa preparación la voluntad puede tomar una decisión contraria a lo que el cerebro preparó, ejerciendo así una especie de veto.[16] Así mismo, en el sicoanálisis freudiano, que divide la mente en una región consciente y otra inconsciente, la voluntad es la que controla el paso a la consciencia de los elementos inconscientes reprimidos.

**La masa crítica y el centésimo mono.**

Como ya expliqué, la fase de exterioridad tiene especial relevancia por su capacidad de retroalimentar a la de interioridad, y por ende a la actitudes individuales. Existe una dinámica estrechamente ligada a esa capacidad, que trataré de explicar a continuación. Está dada por un hecho cuantitativo crítico al que se llega cuando una gran cantidad de individuos practica una conducta común, razón por la cual su influencia sobre la interioridad se vuelve irresistible o casi irresistible.

Tal vez el lector conozca la historia atribuida a Lyall Watson, biólogo sudafricano, quien en su libro *"Lifetide: a Biology of the Unconscious"* (1979) dio cuenta de un supuesto experimento realizado con monos que habitaban una isla japonesa. Más allá de que el relato de Watson corresponda a un hecho real, o de que simplemente sea un mito, lo cierto es que constituye un símil respecto a cómo funcionan los mecanismos de propagación de las actitudes individuales, razón por la cual lo traigo a colación en este trabajo.

A los monos les encantaban los camotes, que según el relato, alguien se los ponían a su disposición, pero los rechazaban por la tierra que se les adhería, hasta que a uno de ellos se le ocurrió lavarlos. Al darse cuenta del beneficio de esta práctica, el número de monos que la siguieron fue creciendo poco a poco, hasta llegar a ser una cantidad considerable.

Luego, un individuo más, al que simbólicamente llamaron el *centésimo mono,* también siguió el ejemplo, y entonces, de pronto, todos los demás monos de la isla empezaron a lavar los camotes. Así el ejemplo inicial de un solo individuo había sido replicado por muchos otros, hasta alcanzar una masa crítica (el centésimo mono) que, a su vez, influyó sobre el comportamiento individual de los que aún no lo habían hecho, generalizándose así esa práctica, y el resultado fue que todos o casi todos los monos de la isla lavaban los camotes.

El relato tiene una segunda parte, de dudosa veracidad, según la cual se habría observado que, al mismo tiempo, los monos que habitaban otras islas también empezaron a lavarlos, a pesar de, supuestamente, no haber tenido contacto con los de la primera. Un holismo ramplón que algunos han rechazado (me refiero a ese específico holismo, no al holismo en general).

Algunas personas, incluyendo connotados personajes de la cultura, popularizaron la historia que, como puede apreciarse, tiene dos partes claramente diferenciadas: la primera referida a lo ocurrido en una isla, y la segunda que lo hace extensivo a las demás de la zona. Otras personas, en cambio, calificaron como falsa a esta historia, rechazando que pudiera tener algún valor científico. No conozco si el experimento y sus resultados realmente existieron, y, en caso afirmativo, si tuvieron algún valor científico o no. Lo que sí debo resaltar es que la primera parte del relato tiene un innegable valor alegórico respecto a algo que ocurre todos los días: la pluralización de las conductas. La mención al centésimo mono la tomo como una parábola explicativa del momento en que una determinada conducta alcanza una masa crítica de individuos que la practican, generando así una conducta unánime o casi unánime a partir de una actitud que inicialmente fue de un solo individuo: aquel al que se le ocurrió lavar los camotes. Se trata de una dinámica que tiene cierta similitud a la de la gota adicional que hace rebosar el vaso.

En la primera parte del relato subyace una alusión a cómo operan los procesos de pluralización de las conductas en la fase de externalidad: la conducta de un individuo influenciando sobre su entorno, y la de éste sobre la conducta individual de muchos otros, produciéndose así un círculo virtuoso, (o vicioso, según el caso).

En otras palabras, es la ley de los grandes números la que determina que se alcance la masa crítica y luego la absoluta predominancia de la conducta común, y también cierta irreversibilidad, que puede volverse reversible solo si se producen circunstancias o eventos extraordinarios. Todo eso, a su vez, produce estabilidad en el todo social en cuanto a que todos o casi todos actúan de una manera común, *para bien o para mal*, y los pocos no practicantes de la conducta común predominante, no tienen la fuerza suficiente para cambiar la realidad orgánica y funcional del todo social.

Como se ve, para arribar a la irreversibilidad es necesario primeramente alcanzar una masa crítica de individuos que actúen de una manera común, que no disminuya, y que más bien desencadene la predominancia absoluta de la conducta común. Se trata de algo muy importante porque a partir de aquello el comportamiento del todo social ya no es errático, sino predecible: se alineará con el comportamiento predominante. Podríamos imaginar a un conjunto social en el cual una masa crítica, digamos del 66% de su población, se comporta de una determinada manera. La ley de los grandes números nos dirá que aunque la población aumente, no menguará, o casi no menguará, tal porcentaje, sino que más bien se estabilizará o se hará aún más predominante.

Demás está decir que los mecanismos operativos de la fase de exterioridad (dominó, demostración y presión) son instrumentos poderosos que, por su capacidad de propagar comportamientos, contribuyen eficazmente a alcanzar la masa crítica. Fácilmente el efecto dominó la alcanza gracias a su alto nivel de inevitabilidad; el efecto demostración -el más atingente al relato del centésimo mono- también puede hacerlo visto el carácter altamente atractivo, el *"charm"*, que tiene lo que se imita; lo mismo ocurre con el efecto presión, por la situación de vulnerabilidad en que queda el individuo si no se somete a las exigencias del medio. En suma, los mecanismos *operativos* de la segunda fase facilitan alcanzar la masa crítica, permitiendo que el *centésimo mono* desencadene el predominio absoluto o casi absoluto de la conducta común. Y otra vez, para bien o para mal.

Parecería que algunos comentaristas del relato simiesco asumen que esta mecánica grupal sirve para la propagación de las *mejoras* culturales exclusivamente, llegando inclusive a suponer la existencia de un campo de fuerza espiritual, a la manera de los campos de fuerza de la física, que empuja a la masa de individuos hacia tales mejoras. No he encontrado explicaciones que sustenten esta suposición, por lo cual prefiero pensar que esa mecánica grupal puede servir tanto al bien como al mal, según las actitudes individuales en las que se origine.

Corresponde ahora dejar de lado ese enfoque desolador pero realista de la ambivalencia hacia el bien o hacia el mal, de tal mecánica, y reflexionar sobre uno orientado solo hacia el *bien*. ¿Cómo tendrían que funcionar la mecánica del centésimo mono, y por ende de la masa crítica, para que el conjunto humano pueda orientarse hacia el bien; para que pueda producirse un ascenso *espiritual* de la especie humana en su conjunto? O para decirlo en términos más abarcadores pero también más significativos: la posibilidad de su ascenso *integral,* esto es, no meramente material sino fundamentalmente espiritual. Y no de cualquier espiritualidad, sino una que sea elevada, racional, humanista, justa, solidaria y sabia.

Como es obvio, el quid del asunto está en el grado de *pluralización* que puedan alcanzar las actitudes individuales orientadas al bien. De nada valdría que un único individuo modelase de esa manera su actitud, para luego visibilizarla a través de su conducta, si no se pluraliza. Su actitud no sería objeto de pluralización alguna; se daría en solitario, permanecería como una singularidad. Y ya en el contexto social, su solitaria conducta tendría que competir con muchas otras de diferente cariz, incluso opuestas. Entonces, la actitud buena inicial no tendría posibilidades de propagarse mientras no sea emulada por otros. Empieza a tener esas posibilidades cuando otros individuos, observando lo bueno que es *"lavar los camotes",* deciden cambiar su actitud individual y adoptan la misma conducta del primero. Solo entonces estaremos ante una naciente pluralización. Pero aun así, aunque emerja alguna pluralidad, si se estanca el número de individuos con buena actitud en una corta cantidad de ellos, la sociedad en su conjunto no se orientará hacia el bien, salvo, quizás, en unos pocos individuos.

En este punto séame permitido exponer cierta duda lacerante que invade mi espíritu cuando analizo ciertos comportamientos. El punto es que hay ciertas áreas del comportamiento humano -la del afán de acumular riquezas, por ejemplo- en las que el mal parece propagarse más aprisa que el bien, en una suerte de *pluralización asimétrica.* ¿Por qué? Probablemente porque es más fácil imitar el mal que el bien, con lo cual la degradación de los valores corre más aprisa que la elevación espiritual. ¿Y por qué es más fácil? Por cierta atracción igualmente asimétrica: el mal *ofrece,* el bien *exige.* La radicalidad del mal ofrece resultados rápidos, en cambio el bien, además de un acendrado sentido de justicia, exige prudencia y equilibrio, paciencia y perseverancia.

Bajo las actuales condiciones de subdesarrollo espiritual que afecta a tanta gente, la sociedad no puede aspirar a ser mejor si las actitudes individuales no mejoran. La pluralización asimétrica hacia el mal lo impide. Inclusive impide aspirar a un futuro más o menos igual al presente, sino a uno peor. Entonces, de lo que se trata es de elegir entre ser mejores o peores, pues la pluralización asimétrica no permite términos medios a nivel del todo social. Si no mejoramos, empeoramos. Si la actitud individual no mejora, los empoderamientos asimétricos que alcanza la gente no nos dejará más o menos iguales a como somos hoy, sino peores. Por ejemplo, las dictaduras políticas, mientras duran y aún mucho tiempo después, no dejan tras de sí sociedades mejores, o más o menos iguales a como eran antes de la dictadura, sino peores.

Ahora bien ¿de qué depende que la pluralidad *buena* siga creciendo? ¿Qué explicaría que eventualmente puedan pluralizarse más las actitudes buenas que las malas? Pregunta recurrente, cuyas respuestas suelen fundamentarse en una visión superficial de las cosas, que busca explicaciones circunstanciales. En efecto, las respuestas que suelen darse ofrecen explicaciones circunstanciales de orden familiar, cultural, religioso, genético, económico, etc., pero cuando concienzudamente se buscan las causas últimas, siempre se llega a la misma conclusión: que la *libertad* y la *voluntad* de la que estamos dotados es lo que a fin de cuentas define nuestras actitudes, y lo explica todo. No hay escapatoria posible. Siempre que se rastrea el origen último de una conducta colectiva cualquiera, más allá de que sea de racionalidad o de irracionalidad, de amor o de odio, de paz o de violencia, siempre se llega a alguna actitud individual *inicial,* al primer mono, que, gracias a la libertad-voluntad del individuo, puede ser buena o mala; una actitud que levanta vuelo cuando por algún motivo se pluraliza.

Lo que sí cabe ahora es concluir que no es posible el desarrollo espiritual colectivo sin desarrollo espiritual *individual.* Este último es la semilla a partir de la cual el desarrollo espiritual colectivo puede prosperar y fructificar. El desarrollo espiritual integral del conjunto social pasa necesariamente por la actitud individual. Ese es su prerrequisito. Sin un cambio para bien en la actitud individual, y sin su necesaria pluralización, no es posible el ascenso de la sociedad humana en su conjunto. Siguiendo la lógioca de parábola: solo cuando el centésimo mono desencadena una corrida colectiva hacia el bien, se alcanza la plenitud buena en el conjunto social. Así pues, la condición para la orientación social hacia el bien es doble: primero, que alguno o algunos individuos pioneros desarrollen la actitud buena; y, segundo, que esa actitud buena se pluralice y crezca hasta llegar al hito del centésimo mono.

Por último, también cabría distinguir entre el desarrollo espiritual circunstancial provocado por hechos igualmente circunstanciales, y aquel otro que, aunque imprescindible y necesario, madura lentamente, o simplemente no lo hace. Son circunstancias muy diferentes. En efecto, no es lo mismo una actitud de solidaridad -individual y colectiva- ante los efectos de una catástrofe natural, que aquella otra requerida para afrontar los problemas sociales permanentes. Usualmente la primera es espontánea, y no necesariamente así la segunda. Y es a esta última a la que se refiere este trabajo.

## PARTE II

### La actitud de vida

**Algunas consideraciones previas.**

Valga aquí un *"aviso a los navegantes"*: este ensayo no pretende construir una teoría general de la actitud individual, adentrándose así en el campo sicológico; tan solo unas pinceladas en ese campo que ayuden a construir una filosofía de las relaciones interpersonales. Tampoco pretende remontarse hacia lo metafísico, campo en el cual el conocimiento científicamente verificable parece pez fuera del agua, pues por mucho que avance por los predios de la ciencia, parece incapaz de alcanzar la explicación última del universo [17]. Así que nada de pretender construir tal teoría general, ni de intentar navegar en las aguas de lo metafísico; solo explicar y relievar la importancia de la actitud individual con relación al funcionamiento del todo social.

---

[17] "El conocimiento de todo lo que es explicable no puede facilitarnos otra cosa que una luz más clara para ver lo mucho inexplicable que detrás existe", dice el filósofo Herbert Spencer (1820-1903) en "Creación y Evolución")

Con esta advertencia previa, volvamos ahora al tema de la importancia que parece tener la actitud individual. Importante por basarse en la representación que el individuo se hace de la realidad, de modo que si la representación la distorsiona, entonces su actitud también será distorsionada. Importante porque ante la insuficiencia de las palabras se necesita que la actitud individual también se fundamente en una perspicacia razonable y comprehensiva que procure captar el sentido profundo de las cosas. Importante porque es necesario que las actitudes se proyecten no solo sobre la inmediatez, sino principalmente sobre el largo plazo. Importante porque en su búsqueda de la verdad el sujeto tiene que lidiar con las circunstancias específicas propias de cada vivencia particular, y esas ramas podrían impedirle ver el bosque. Importante porque en las situaciones de disonancia cognitiva, esto es, de aquellas que implican incoherencias, y que a menudo se dan, el individuo ha de decidir qué hacer en cada caso[18]. Importante porque no hay un juez externo al yo que juzgue la actitud interna, como sí lo hay para la conducta, esta sí siempre perceptible. Y sobre todo, importante porque al fin y al cabo las actitudes individuales son los ladrillos con los que se construye la sociedad, y en especial, los elementos que definen la calidad de las relaciones interpersonales.

En realidad, la importancia de la actitud individual se sitúa en el centro mismo del devenir social. Los hechos humanos pasarán; lo que no pasará jamás es la rectoría que la actitud individual ejerce sobre la conducta. A su

---

[18] Ante las disonancias cognitivas, esas incoherencias que suelen darse en una misma persona y en un mismo tiempo, el individuo puede reaccionar de varias maneras, siendo las más comunes: una, honesta y genuina, que le lleva a reconocer que estaba errado en cuanto a alguna o algunas de sus cogniciones previas, por lo cual las descarta; y, otra, que busca, a como de lugar, alguna explicación circunstancial que justifique la contradicción. Demás está decir que a veces, en este segundo caso, la explicación no refleja la realidad; es simplemente un artificio sofístico, como en la fábula de la zorra que al no poder alcanzar las uvas las declara verdes y renuncia a su intento de hacerlo.

vez, lo *espiritual* es y seguirá siendo decisivo en la *calidad* de la actitud individual, salvo que, ¡oh ominosa perspectiva!, que en el largo plazo nuestra tecnología nos lleve por caminos distintos a los de nuestra humana naturaleza, haciéndonos renegar de nuestra espiritualidad al punto de convertirnos en unos insensibles trans-humanos materialistas.

También podríamos considerar cierta categorización de las actitudes individuales en función de su impacto sobre el conglomerado social. La primera sería la de aquellas actitudes que enfocan su atención en situaciones o individuos específicos; la actitud individual que pudiera tener un abogado en la defensa de su cliente culpable, con toda la carga de consideraciones éticas y morales que ello implica, podría ser un ejemplo de situación específica. La segunda categoría corresponde a aquellas actitudes que inciden sobre la otredad en general, como sería la actitud que pudiera tener un individuo específico frente a los temas inherentes a las relaciones interpersonales. Desde luego, el rol de *ejemplo social* que tienen las actitudes de  las dos categorías  es de la mayor importancia, pero la segunda tiene, además, una relevancia adicional que le es propia, y que muestra una diferencia sustancial con la primera: al no enfocarse a situaciones y objetos específicos únicamente, constituye toda una de *actitud de vida*. Actitud de vida es, por ejemplo, tener siempre a la verdad como valor supremo, y estar dispuesto a obrar en consecuencia. Salvo que diga algo diferente, cuando hablo de la "actitud individual" en realidad me estoy refiriendo a la actitud de vida del individuo.

Como ya lo señalé anteriormente, no pretendo desarrollar una teoría general de la actitud individual, por lo que no abordaré temas con los que se podría construir una teoría, por ejemplo: el tema del desarrollo moral que acompaña las etapas etarias de las personas, desde la más temprana infancia hasta el más elevado nivel de consciencia (moral *"posconvencional"*). Entonces, me limito simplemente a aclarar que las actitudes individuales de las que hablo en este ensayo son aquellas que corresponden a las personas con uso de razón. Tampoco intentaré teorizar respecto al papel de la mente en el proceso de construcción de la actitud individual; me basta, a los efectos de este ensayo, con reconocer que la actitud individual y la subsecuente conducta, son las que, en la práctica, definen y marcan las relaciones interpersonales.

## La actitud de vida

Antes de seguir adelante debo despejar una duda que martilla mi consciencia, y quizás también la del lector. Si, como se afirma en variados ámbitos de la cultura, cada individuo humano es irrepetible; si no es posible encontrar dos individualidades idénticas entre los siete mil millones de seres humanos que poblamos la Tierra, ¿qué tan factible es entonces que surja y se pluralice suficientemente una actitud individual que sea la adecuada para resolver los problemas colectivos? ¿Qué tan factible es entonces que una actitud buena y racional se pluralice hasta el punto de llegar al centésimo mono, y poder alcanzar así los logros colectivos necesarios? Conceptualmente hablando esto luce casi como una imposibilidad, por razones de incompatibilidad, pero el hecho cierto es que tales pluralizaciones sí se producen. Es común, por ejemplo, que actitudes de solidaridad se pluralicen con largueza en casos de desastres naturales. Entonces, tal incompatibilidad en el fondo no existe; se trata de una incompatibilidad puramente especulativa. Hay factores que, pese a esa incompatibilidad especulativa, permiten que la pluralización se produzca. ¿Y cuáles son esos factores? No lo sé a ciencia cierta, pero es evidente que los hay, y  podría citar dos ejemplos. Uno, cierta *perspicacia* básica innata al ser vivo: hubo un avispado mono pionero que fue a lavar sus camotes al río, dando así inicio a un proceso de aprendizaje colectivo. En términos generales y reales, ya no meramente anecdóticos, podríamos decir que la perspicacia es producto del razonamiento analítico, a la par que del sintético, y sobre todo, de la sinceridad y honestidad con uno mismo, y que, por el contrario, la no perspicacia es producto de una deficiente percepción de las cosas; de cierto exceso de emotividad irreflexiva, y de alguna insinceridad y deshonestidad con uno mismo. Dos: la transmisión del conocimiento. Los monos papás trasmitieron a sus hijos lo que sabían respecto a cómo solucionar el problema de los camotes sucios. Y, relacionado con esto,la persistencia de la memoria: ni el mono pionero ni los hijos que aprendieron de sus padres echaron en el olvido el truquito de lavar los camotes. Esta transmisión simiesca del conocimiento prefigura las enseñanzas que seres humanos superiores son capaces de transmitir, como consecuencia de poder percibir y entender aquello que para el común de la gente se le hace difícil percibir y entender.

Entonces, pese a la contraposición: *individualidades irrepetibles vs. pluralización necesaria,* sí es posible alcanzar comportamientos colectivos racionales y necesarios, pues hay factores que lo permiten, como lo demuestra la experiencia.

Volvamos ahora a la actitud de vida en sí misma. Se trata de una actitud general que moldea las conductas, y que aflora en las más diversas situaciones que nos depara la vida, convirtiéndose así en la más importante de las actitudes.  A su vez, las actitudes de vida son muy diversas, por lo que, teniendo en cuenta el interés focalizado en las relaciones interpersonales que tiene este ensayo, me referiré a las más relevantes: las egoístas y las solidarias.

La actitud egoísta se *"materializa"*, por así decirlo, en conductas de dominio de la más diversa índole: sicológico, cultural, económico, político, etc. En una de ellas, la de la dominación vía poder político, que tomo como ejemplo, es donde mejor se expresa la actitud de vida de permanente búsqueda del poder, no solo por razones materiales, sino también por el poder mismo, esto es, el poder por el poder. La dominación política se vuelve trágica cuando quien la asume sufre alguna anomalía síquica que lo convierte en un verdadero sicópata, un sicópata con poder, más peligroso que cirujano con mal de Parkinson, cuya insania se refleja en una actitud que lo lleva a tomar decisiones que pisotean los derechos humanos de mucha gente. Hitler es un ejemplo, probablemente el más conspicuo, pero hay muchísimos más ampliamente conocidos. Por otra parte, la historia humana es una interminable sucesión de confrontaciones por el poder y el dominio políticos, como la que relata la Biblia respecto a Saúl y David [19]. En cuanto al poder mismo, es en los imperios donde con más fuerza se lo ha ejercido, imperios que van desde los más antiguos como el de Sargón el Grande (Mesopotamia) hasta los más recientes, como los imperios Británico y Colonial Francés, de los siglos XIX y XX.

Algo sucede en el alma de la mayoría de quienes ascienden a los más altos niveles del poder político, algo que exacerba su egoísmo personal y grupal; algo que los obnubila, que los vuelve megalómanos y los induce a

---

[19] 2 Samuel, cap. 3

cometer toda clase de abusos contra sus semejantes. Y he aquí que si se rastrea el origen de la actuación de los megalómanos se encontrará que todo empieza con una actitud individual saturada de egoísmo y ávida de poder.

 Algunos optimistas piensan que la civilización actual con sus variadas soluciones organizacionales está poniendo fin a esa historia, pero la realidad parece desmentirlos. Paradójicamente, son líderes, generalmente ególatras, que al hacerse del poder y convertirse en dictadores, creen haber estabilizado para siempre las sociedades sobre las que ejercen su poder, por lo cual proclaman que el nuevo *"orden"* por ellos impuesto será eterno. ¡Ilusos!, ninguna dictadura es eterna, y aunque algunas duren *"solo"* algunas décadas, posteriormente los conflictos fratricidas, las desestabilizaciones y el caos, que siguen ahí, larvados bajo una apariencia de estabilidad y orden, esperando la primera oportunidad para hacerse presentes, emergen con toda su virulencia y ponen fin a la dictadura. Si bien se mira, todas esas desestabilizaciones y confrontaciones se originan en conductas individuales egoístas que han hecho de la búsqueda del poder su actitud de vida. Solo cuando las actitudes individuales se orienten hacia el bien común, al verdadero bien común, será posible que haya paz y seguridad permanentes en el mundo.

Y a propósito de lo dicho, ¿puede lo organizacional modificar lo individual? Esta pregunta da lugar a dos tipos de respuestas. El primero aceptaría esa posibilidad, pero aclarando que la modificación podría orientarse hacia el bien o hacia el mal, según la calidad de lo organizacional modificante. El segundo no aceptaría esa posibilidad, pero haría ver que aunque no modifique la actitud individual, puede disciplinar sus manifestaciones, esto es, las conductas. Y a la inversa, ¿puede lo individual modificar lo organizacional? Por supuesto que sí, pues tanto la modificación de las actitudes por lo organizacional, como de éste por aquellas, son factibles dada la dinámica del ciclo de las actitudes.

Pasemos ahora a la otra actitud de vida básica, contraria a la anterior, la solidaria. La consubstancialidad al ser humano de la actitud solidaria suele prosperar en circunstancias de calamidades de la más diferente índole. Pero esta solidaridad circunstancial (un desastre natural, por ejemplo) no crece de manera generalizada y permanente en condiciones "normales", cubriendo generosamente todo el tejido social, y todos los matices que se presentan, por lo que resulta insuficiente. Tampoco es suficiente esa pseudo *"solidaridad"* obligada, automática, mecánica, dada por la especialización y la división del trabajo que obligan a que todos dependamos de todos. Requiérese entonces de otro tipo de solidaridad: de uno que sea resultado de una actitud de vida practicada por todos, generosa, altruista, que no espere nada a cambio, y que no se limite a lo material, sino que también se preocupe por los avatares espirituales de la gente.

Sin perjuicio de los casos destacados de actitud solidaria que podrían mencionarse a título de ejemplos, recordaré aquí la parábola del buen samaritano que relató Jesús [20]. Lo hago porque el caso reúne las características básicas de una genuina actitud de vida de carácter solidario: ser permanente, no meramente circunstancial; y, ser desinteresada. Permanente porque el hombre que ayudó al herido que encontró en el camino a Jericó era de Samaria, y por lo tanto considerado

---

[20] Lucas 10: 30-36

como extranjero por los judíos, y si ese extranjero era capaz de ayudar a alguien a quien no conocía en absoluto, que no era de los suyos, es de suponer que tendría siempre esa misma actitud con cualesquiera otros. Desinteresada, no solo porque no esperó nada a cambio de su buena acción, sino porque además corrió con los posteriores gastos de curación del hombre asaltado.

Existe una gran variedad de actitudes de vida dialécticamente contrapuestas: de amor y de odio, de solidaridad y de egoísmo, de orden y de desorden, de reflexión y de banalidad, de humildad y de egolatría, de frugalidad y de hedonismo, de valor y de cobardía, de veracidad y de mendacidad, etc. Se trata de actitudes inherentes a la condición humana, y en ese marco, la lucha entre el bien y el mal que se libra dentro de cada ser humano es de la más grande importancia. Si el individuo ha de elevarse espiritualmente, entonces ahí, en su espacio interior, deberá disciplinar sus pensamientos y sentimientos, y si no lo hace su elevación espiritual sencillamente no se producirá, y la elevación espiritual del conglomerado humano obviamente tampoco se producirá. Por su parte, para que una sociedad sea verdaderamente libre, dice Mario Vargas-Llosa, es *"… necesario que en ella prospere una intensa vida espiritual… pues, de lo contrario, ni las leyes ni las instituciones mejor concebidas funcionan a cabalidad, y, a menudo, se estragan o corrompen"* [21]

La elevación de la actitud individual, esto es, en el sentido de llegar a tener una clara preeminencia de lo espiritual sobre lo material, se ha vuelto más necesaria que nunca. Penosamente en el mundo actual la prioridad está invertida: primero lo material, lo prosaico, lo banal y las ansias de poder,

---

[21] Mario Vargas Llosa, "La Civilización del Espectáculo", Editorial Alfaguara 2012.

después lo espiritual, sin darnos cuenta que en esa inversión es donde reside la raíz de todos nuestros problemas.

Este ensayo se propone investigar el papel que desempeña la actitud individual -la idiosincrasia personal- en el desarrollo integral de la sociedad humana considerada en su conjunto. Con *desarrollo integral* quiero significar no solo la dimensión material de la sociedad, sino, fundamentalmente, la espiritual. ¿Puede la sociedad desarrollarse integralmente solo con arbitrios organizacionales independientemente de lo que ocurra en la dimensión psíquica de cada individuo?

Para tratar estos temas enfocaré mi atención en las relaciones interpersonales, tema respecto al cual a menudo me resulta frustrante escuchar a los analistas de los problemas sociales, y constatar que se quedan en la superficie de las cosas sin calar en sus explicaciones últimas. Escucho explicaciones parciales-parcializadas, que hurgan en las relaciones de poder, en los errores organizativos y normativos, en las diferencias ente clases sociales, todas ellas buscando cargar el peso de la culpa en alguno o algunos grupos sociales, o en general, en condiciones diferentes a la actitud y voluntad mismas de las personas.

Estas explicaciones las dan los más diversos líderes de opinión, en especial políticos, sociólogos y periodistas, desde su particular punto de vista. No necesariamente están equivocados, pero sí *sesgados* por visiones parciales de la realidad, sin reparar que lo principal es ver que el mal está en todos los niveles sociales, y en la actitud de vida de las personas. No pueden o no quieren ver que el mal está presente a todo lo largo y ancho del tejido social, porque a todo lo largo y ancho del tejido social la actitud individual falla.

A propósito de los orígenes del mal, traigo a la memoria, por ser de actualidad, un interesante artículo escrito por el líder religioso Jon Haddon en 1999 [22]. Empieza narrando varios asesinatos por jóvenes adolescentes en Estados Unidos: el de un chico de 15 años que mata a balazos a sus padres y dos estudiantes; el de otro de 16 que apuñala a su madre y a dos condiscípulos; y el de dos niños de 11 y 13 años que asesinan a tiros a 4 niñas y una maestra. Exactamente lo mismo que sigue ocurriendo hoy, 20 años después. *Es escalofriante leer sobre ellos en la prensa, pero más escalofriante me parece cómo los explican muchos adultos"*, agrega Haddon. Y registra varias de esas explicaciones: que los jóvenes asesinos actúan movidos por sentimientos de impotencia; que su conducta se debe a una cultura popular irresponsable; que actúan movidos por el trauma de saberse catalogados como seres que no valen nada; y, muy frecuentemente; que así se comportan debido a enfermedades mentales. Y en vez de hablar del bien y del mal, continúa, la sociedad prefiere considerarlos como gente común y corriente que está enferma. En fin, denuncia el hecho de que nuestra sociedad haya substituido el juicio moral por el diagnóstico sicológico, y que atribuya esa locura asesina a circunstancias diferentes a la actitud de vida de la persona, y a su voluntad. Lo mismo que hoy.

Siguiendo el hilo de mi reflexión, ahora debo decir que, como es obvio, los mecanismos de *propagación* de las actitudes individuales son de la mayor importancia, más allá de que propaguen lo bueno o lo malo; por eso en la Parte I de este ensayo les di el énfasis que ameritan, especialmente a través de la explicación de cómo opera el ciclo de las actitudes.

---

[22] Jon Haddon, "El mal sí existe", Reader's Digest, febrero de 1999.

## El "estado del arte" de las actitudes de vida.

¿Cómo son las actitudes de vida en el mundo actual? ¿Cuáles son sus tendencias? ¿Tienden las buenas a prevalecer sobre las malas, o tal vez ocurre lo contrario? Esto es lo que trataré de pergeñar en lo que sigue.

Primeramente diré, como telón de fondo, que como reza el dicho popular, *"de todo hay en la viña del Señor":* desde un persistente deterioro de la dimensión espiritual de muchos, hasta la tranquila y casi anónima heroicidad de vida de muchos otros; desde el desprecio por la vida de fanáticos y delincuentes, hasta el amor que día a día construyen seres solidarios y de buena voluntad, como los que dedican su energía al voluntariado social. Es en este escenario de contrastes que se forman las actitudes buenas y malas, a través de la operatividad del ciclo de las actitudes. Intentaré poner ejemplos de algunas de las actitudes de vida más destacadas del mundo actual.

Una de estas actitudes es la de no pensar con cabeza propia, pese a la profusión de información a nuestro alcance. Desde luego, no es una actitud generalizada, pero sí bastante extendida. *"Es verdad porque Fulano , premio Nobel, lo ha dicho",* ilustra bastante bien esta forma subordinada de pensar, o *"argumento de autoridad"* como la califica Revel [23]. Se presenta en todos los ámbitos imaginables, especialmente en la religión eclesial, en las ideologías y en la política, campos en los que los dogmas y prejuicios ejercen una presión dominante. Otro campo en el que se presenta esta actitud es el de las hipótesis y teorías científicas, lo cual es comprensible, pues nadie puede ser especialista en todo, y tiene que confiar en lo que le dicen los expertos y los difusores de la ciencia, más

---

[23] Jean-Francois Revel, "El Conocimiento Inútil"

allá de que las hipótesis y teorías científicas, incluso las basadas en hechos, casi siempre son provisionales hasta que se encuentran otras evidencias que las modifiquen.

Otra, cercana a la anterior, es la que podríamos llamar *actitud militante*, cuya presencia parece inspirar las reflexiones de Revel en su ya mencionada obra. La idea-fuerza del autor  podría resumirse así: el ser humano se siente naturalmente inclinado a profesar alguna ideología que satisfaga su necesidad de una visión global del mundo, dado que las explicaciones fraccionadas no pueden hacerlo y por lo tanto no le satisfacen, razón por la cual los hombres crean o adhieren a ideologías globales. Empero, su militancia con la ideología escogida es tan fuerte, que a ella supedita la búsqueda de la verdad, de modo que no es la verdad la que prevalece sobre las ideologías sino lo contrario. La enorme cantidad y variedad de información disponible vale solo en tanto y en cuanto se adecúe o respalde a la ideología escogida. Al resto se lo pasa por alto, se lo deforma, se lo escamotea, se lo transforma en *conocimiento inútil*. Este esquema se da básicamente en el campo social. En el de las ciencias experimentales la situación es obviamente distinta.

Respaldado por una contundente documentación, Revel muestra cómo muchos periodistas, intelectuales, maestros, y en especial políticos, subordinan la verdad a la ideología. Por todo ello se pregunta si el disponer de conocimientos e informaciones incomparablemente mayores que hace tres siglos nos conduce a tomar mejores decisiones, y se responde: *"De momento la respuesta es: no"*. Me temo que en la actualidad, 2018, esa respuesta sigue siendo válida.

Hay quienes, por voluntad propia u obligados por las circunstancias, tienen una actitud de respeto a la verdad, respeto al que apela la conocida advertencia judicial, de decir *"la verdad, solo la verdad y nada más que la verdad"*. Lamentablemente son una minoría; la mayoría la irrespeta. Pero mientras la actitud de respeto es firme e inquebrantable, la de irrespeto es maleable y acomodaticia; mientras la primera implica fortaleza espiritual para reconocer la verdad, nos guste o no nos guste, y severidad para defenderla, la segunda implica debilidad, oportunismo y lenidad. El mismo autor critica a ciertos intelectuales que rechazan unos totalitarismos pero se sienten cómodos con otros, mencionando a uno que no solo mantuvo una posición tibia frente al fascismo, sino que después de la segunda guerra mundial pasó a ser admirador de la dictadura estalinista [24]. En el Ecuador de principios del siglo XXI algunos duros opositores al autoritarismo del presidente León Febres-Cordero (1984-1988) fueron fervientes admiradores de la dictadura de Rafael Correa (2007-2017). Pero volviendo a Revel: también reconoce que otros intelectuales  sí mostraron, durante o después de la segunda guerra mundial,  un antifascismo auténtico, sin reemplazar a este totalitarismo por otro, entre ellos Octavio Paz, Vargas Llosa y Carlos Rangel, para mencionar solo a los de habla hispana [25].

Otra actitud negativa es la de la indiferencia, la de mirar para otro lado, la del *"quemeimportismo"* [26], ante los problemas de los demás. Es muy ilustrativo el conocido poema del pastor luterano Martin Niemoeller,

---

[24] Jean Francois Revel, en "El Conocimiento Inútil", Cap. XII, se refería a Emmanuel  Mounier, líder de la izquierda cristiana en 1935.

[25] Ibidem, cap. XII, El fracaso de la cultura.
[26] Modismo popular ecuatoriano.

referente a su experiencia personal durante el régimen nazi, una de cuyas versiones dice así:

*Primero vinieron por los comunistas*
*y yo no dije nada porque yo no era comunista,*
*Después vinieron por los judíos*
*y yo no dije nada porque no era judío,*
*Después vinieron por los sindicalistas*
*y yo no dije nada porque no era sindicalista,*
*Después vinieron por los católicos*
*y yo no dije nada porque yo era Protestante,*
*Después vinieron por mí*
*y para entonces no había quedado nadie que alzara la voz por mí*

Ahora bien, lo que hay que destacar respecto a la actitud de indiferencia, no es si su contraria, la solidaria, puede o no resolver los problemas de los demás; lo que hay que destacar es su falta de solidaridad, esa condición básica para la construcción de relaciones interpersonales racionales, justas y humanas.

También hay otra actitud, esta sí extendida hasta lo inaudito: la actitud banal, formada principalmente a través de la fase de externalidad del ciclo, conforme lo expliqué en la parte I. Los efectos de esta forma de pensar y actuar parecen de poca importancia, pero no lo son, pues acostumbran a la mente humana a la superficialidad, a la seducción de lo banal, a no ir al fondo de las cosas. El mundo moderno está lleno de enfoques superficiales. La banalidad está a la orden del día; a donde quiera que dirijamos nuestra mirada encontraremos evidencias de su imperio. Incluso el lenguaje cotidiano está lleno de palabras innecesarias y vanas, usadas sólo para fingir erudición o para aparentar originalidad, o por pura pedantería. Palabras de relleno, que nada dicen. Palabras que prontamente caen en desuso y son reemplazadas por otras, innecesarias también, pues las existentes son suficientes. Desde luego, no me estoy refiriendo al necesario uso de ciertos neologismos de la ciencia y la tecnología, ni al lenguaje especializado de las artes, o incluso a la necesidad de resaltar matices para los que las palabras en uso son insuficientes, sino al abuso, a cambios espurios inspirados por una actitud de vida sesgada hacia lo banal. Así, muchos de los nuevos términos no surgen por necesidad sino por banalidad.

Por último, la más importante y trascedente de todas las actitudes de vida: la actitud ante lo divino. La agnóstica, la atea y la creyente son las actitudes básicas en este campo. Según la primera no hay manera de que el ser humano pueda saber si Dios existe o no. Dentro de la segunda, unos no creen en su existencia, y piensan que se puede prescindir de la idea de Dios por no ser necesaria, en tanto que otros, los representantes del ateísmo fuerte, no solo que creen que se puede prescindir de Dios, sino que niegan de plano su existencia. Los de la tercera, en cambio, creemos firmemente en su existencia, y lo hacemos movidos por muy diferentes motivos, entre ellos: la observación de la naturaleza, el sentido común, cierta impronta profundamente gravada en el alma humana (*sensus divinitatis*), la tradición, la intuición, o la fe.

Creo que en tanto las actitudes ante lo divino sean sinceras, producto de una mente abierta, son honorables y dignas de respeto. Lo malo tiene lugar cuando algunas de ellas derivan hacia lo superficial, hacia la irracionalidad, y peor aún, hacia el fanatismo. Cuando esto ocurre, todo puede pasar, incluso podrían darse situaciones distintas a las que históricamente han tenido lugar. Hasta podríamos imaginarnos a un futuro Torquemada pero a la inversa: un ateo fuerte mandando a la hoguera a los que, debido a sus creencias religiosas, considera que blasfeman contra la ciencia. O a otros ateos negando la omnipotencia y omnisciencia de Dios, aduciendo que no puede construir un triángulo cuadrado, ni obtener la raíz cuadrada de 2, o de autodestruirse, entre otras perlas "argumentales".

En resumidas cuentas, el mundo de las actitudes de vida muestra grandes contrastes. Mucha gente tiene actitudes positivas, buenas, que se ponen de manifiesto no solo en circunstancias especiales de sufrimiento colectivo, como catástrofes naturales, sino también como modo de vida permanente, como ocurre, como ya lo mencionjé, con el voluntariado social.  Pero infelizmente las malas se pluralizan demasiado, al punto de que no es posible avizorar cuáles podrían ser las que prevalezcan en el largo plazo, de suerte que lo único que nos queda es la incertidumbre.

**La actitud individual y los grandes problemas humanos.**

Asumamos como supuesto básico, a los efectos del análisis que sigue, que el todo social *debe ser* justo, es decir, que el conjunto de individuos que lo forman, así como el Estado que los organiza y regula, deben practicar ese valor superior que es la justicia. Justicia con la otredad, justicia con nosotros mismos, justicia con la naturaleza no humana, justicia en su más amplio sentido; así de justo debe ser el todo social. Asumamos también que si no lo es tenemos un problema, un gran problema, no solo por sus implicaciones éticas, sino también porque nos aleja de la verdad, a la que tan indisolublemente ligada está la justicia. En este como en muchos otros casos justicia y verdad una sola cosa son.

La situación social actual tiene de todo: desde buenas actitudes y conductas, tanto de las que se pluralizan como las que no, hasta  ausencia de buenas actitudes y conductas que sean capaces de ser lo que deben ser, y no solo ausencia, sino también presencia de otras que son abiertamente disfuncionales, contrarias, a lo que el todo debe ser: justo. Cualquiera que sea la relación entre el individuo y el conjunto social, y cualquiera que sea la dinámica del ciclo de las actitudes, lo cierto es que la condición espiritual individual es decisiva para la construcción de actitudes individuales justas, y con ello, para un tratamiento justo y adecuado de los grandes problemas sociales.

En cuanto a las actitudes y conductas buenas, hay las que permanecen como singularidades, sin pluralizarse; las que se pluralizan insuficientemente, y las que lo hacen abundantemente. En el caso de las disfuncionales o contrarias a lo que el todo debe ser, el esquema de pluralización es similar al anterior, pero con una desoladora dinámica actual: parecen estar ganándoles la carrera a las primeras. Esto puede sonar radical, pero es necesario considerar esa posibilidad. Es que la realidad social no es simplista, como para creer a pie juntillas que avanzamos resueltamente por el buen camino. No; no tiene nada de simple ni de transparente, por el contrario, es por demás compleja, opaca, injusta, confusa e intrincada.

El hecho cierto de que la dimensión espiritual del ser humano no se ha desarrollado adecuada y generalizadamente, sino que se ha estancado, e incluso retrocedido, explica en gran medida esa menguada situación de las buenas actitudes y conductas frente a sus contrarias. Por su parte, la fase de retroalimentación del ciclo, aupada en los mecanismos operativos de propagación, especialmente en el del efecto demostración, no hace más que fortalecer las malas actitudes y conductas, sumiendo en una apocada situación a las buenas. Consideremos ahora algunos de los más conspicuos males de nuestro tiempo a la luz de todo lo dicho anteriormente.

Un primer gran problema es el crecimiento poblacional. Podemos asumir, sin temor a equivocarnos, que el crecimiento poblacional actual es uno de los problemas más graves de la humanidad, sino el más grave, debido al progresivo agotamiento de los recursos naturales, así como por las consecuencias ambientales a las que da lugar. Lo que se observa es que aún no hay una clara y *generalizada* consciencia social sobre tres cruciales asuntos demográficos: la finitud de nuestras fuentes de recursos naturales, la necesidad de alcanzar a la brevedad posible la población estacionaria mundial, y el problema de la carga poblacional.

Nuestro pequeño planeta es finito en cuanto a capacidad de proveer recursos para la vida, como lo proclama su propia esfericidad. Por supuesto que la ciencia y la tecnología estiran esa capacidad, pero no es menos cierto que tal estiramiento no puede ser infinito, dada la finitud planetaria. Fincar nuestras esperanzas en la posibilidad de colonizar otros mundos con recursos para la vida, para nuestra vida, sería un salto al vacío, que ni siquiera cabría tenerlo en cuenta. Al respecto, el libro de Génesis da cuenta de nuestra obligación de *cuidar el jardín* [27], ¿entonces qué sentido tiene salir a buscar otros jardines descuidando al mismo tiempo el nuestro? No se trata de refrenar nuestra natural curiosidad sino de ser lógicos y racionales, por ejemplo, limitando y priorizando nuestra actividad consuntiva.

Pero debemos preocuparnos no solo por contener el aumento poblacional, sino también por alcanzar la población estacionaria mundial

---

[27] Génesis 2:15

lo más pronto posible, de modo que ese nivel no tenga lugar cuando la población ya sea exageradamente mayor a la actual, y el problema sea aún más grave de lo que ya es.

También hay que considerar la *carga* poblacional y sus efectos sobre la disponibilidad de recursos naturales, tema estrechamente vinculado al de la población estacionaria. El punto se puede apreciar al tener en cuenta que aunque la tasa de crecimiento poblacional del mundo ha disminuido en los últimos 50 años, y eso por cierto es esperanzador, la carga poblacional ha seguido creciendo a ritmo rápido: de 3.000 millones de seres humanos en 1970 a más de 7.000 millones en la actualidad (2018).

Estas realidades, finitud, necesidad de arribar a la población mundial estacionaria, y creciente carga poblacional, no se han enraizado aún en la consciencia individual de la gente, y, sobre todo, en la consciencia de quienes tienen la responsabilidad organizativa de enfrentarlas, en sus individuales pero trascendentes actitudes.  Lo que quiero destacar con todo esto es que el desarrollo espiritual individual, y con ello las actitudes individuales, es indispensable para entender y atender a cabalidad estos problemas. Y por supuesto, no se trata de aplicar soluciones que atenten contra la vida, eso jamás, sino de aquellas que, respetándola, permitan que la especie humana controle su destino, y eso no es posible si no partimos desde lo más básico: el desarrollo espiritual individual, en especial de los líderes de todo tipo, que es lo único que puede inducir a los individuos a actuar con responsabilidad.

Un segundo gran problema actual es el ambiental. En el caso del problema anterior quedó claro que la actitud individual es decisiva a los efectos de poder controlar el crecimiento poblacional, pero es aún más decisiva respecto a este otro gran problema, estrechamente vinculado al anterior: el del deterioro ambiental. Sobre este problema hay informes de Naciones Unidas que concluyen que las actividades humanas son las principales causantes del cambio climático, el mismo que hacia fines del presente siglo supondría, si no se toman medidas eficaces a nivel planetario, un calentamiento global de hasta 2.5 grados sobre el nivel preindustrial. Por ello el Acuerdo de París (2016) fijó como meta que para esas fechas tal crecimiento se ubique, más bien, por debajo de los 2 grados centígrados.

Este gran problema, como el anterior, corresponde al caso de la *posibilidad volitiva,* que veremos más adelante, esto es, aquel en el que, si bien el todo no puede tener ciertos atributos si sus partes no son lo que deben ser, sí hay la posibilidad de que pueda llegar a tenerlos si sus partes -los seres humanos individualmente considerados- llegan a ser lo que deben ser en cuanto a preservación y protección ambiental. Esto quiere decir que aunque el conjunto social deteriore el ambiente, eso puede revertirse si todos o casi todos los individuos cambian de actitud y lo cuidan, en cuyo caso el conjunto social empezará a actuar de esa manera, regulando y organizando su cuidado de manera sensata.

En este segundo caso el carácter decisivo de lo individual se hace patente cuando se considera no solo la actitud individual de los seres humanos comunes y corrientes, sino también la de aquellos individuos encargados de establecer decisiones organizativas relevantes sobre el medio ambiente. La incidencia de estos encargados será negativa si a la hora de cumplir con sus responsabilidades históricas, no asumen una actitud individual de resistencia a los intereses y presiones de orden ideológico, económico, político o grupal, provenientes del entorno, que obstaculizan la adopción de las medidas necesarias para contener primero y revertir después el daño que estamos causando a nuestro planeta.

Lamentablemente la actitud individual de no pocos orientadores, reguladores y organizadores del tema ambiental no es la adecuada: ceden ante las ideologías, los intereses y las presiones, y el resultado es que no se hace lo que se debe hacer. Pero no solo eso, sino que además no faltan aquellos que *desinforman* a la gente acerca del tema ambiental. Incluso hay quienes sostienen que el cambio climático *no existe*. A este respecto Al Gore denunció que hay científicos que *"… están recibiendo dinero de las empresas del carbón y el petróleo a cambio de estar dispuestos a decir que el calentamiento global no existe"* y que ciertos individuos, financiados por Exxon Mobil, ofrecieron *"… diez mil dólares por cada pseudoestudio o artículo que cuestionase los descubrimientos de la comunidad científica"* [28].

Por lo dicho, y sin perjuicio de que la actividad conjunta de los reguladores/organizadores es la que orienta y dirige al cuerpo social, la actitud individual de cada uno de ellos es crucial en cuanto al rumbo que toma la sociedad respecto al tema ambiental: influye poderosamente en la toma de posiciones y decisiones de impacto social. La posición de USA frente al Acuerdo Climático de París (2017) no habría sido la misma si ese año el Presidente de Estados Unidos hubiese sido Al Gore y no Donald Trump.

Y por supuesto, la actitud individual sobre el tema es importante no solo cuando es la de quienes de una u otra forma tienen poder, sino también cuando es la de los demás individuos, la de los seres humanos comunes y corrientes, ente los cuales las buenas prácticas ambientales no se

---

[28] Al Gore, "El Ataque Contra la Razón", 2007 (cap. La Crisis del Carbono)

pluralizan como debieran hacerlo. En los supermercados me ven como bicho raro cuando voy con mis bolsas de compras reutilizables. En cambio yo -que vivo en el trópico- siento perplejidad y rabia al ver cómo muchos conductores mantienen prendidos los motores de sus vehículos *estacionados* (¡incluso en espacios cerrados o semi-cerrados de centros comerciales y otros edificios!) mientras sestean plácidamente en el ambiente que les proporciona el aire acondicionado de sus coches. ¿Cuál la explicación última de ese desaprensivo comportamiento? Una actitud individual irresponsable, un quemeimportismo, respecto a un problema planetario del cual todos deberíamos estar plenamente conscientes, y actuar en consecuencia.

Así pues, en el caso de los humanos comunes y corrientes, así como en el de los reguladores-organizadores, falta consciencia y actitudes claras de que la especie humana se encuentra ante una encrucijada existencial: la de que hay que priorizar lo ambiental por sobre las premuras económicas, y en general, sobre las inmediateces de cualquier orden.  Pero el asunto no es sencillo; es mucho más complejo de lo que parce pues a menudo la necesidad de atender las inmediateces se da por razones de supervivencia, de modo que, por ejemplo, no se puede exigir, de manera aislada, que los campesinos más pobres no deforesten lo que no deben deforestar, ni quemen lo que no deben quemar. En esta forma, por muy buena actitud individual que se tenga hacia el ambiente, no se puede aplicar a rajatabla las medidas necesarias, sin ofrecer alternativas razonables, y se termina por perjudicarlo. Es que el problema ambiental es absolutamente intersectorial, interdisciplinario y planetario, y hay que afrontarlo en esa forma, pero para ello es necesario que, para empezar, quienes tienen poder para regular y organizar el conjunto social tengan la actitud individual adecuada.

Un tercer gran problema de la sociedad actual es la corrupción, vasta, desbordante, global. Las *formas* de corrupción, son muchas, pero en general podríamos decir que se presentan en los campos social, político y económico, y casi siempre relacionadas con el dinero. En todo caso la clasificación de tales formas no es lo más importante a los propósitos de este ensayo, que busca explicaciones más reveladoras y plausibles sobre aspectos básicos de la corrupción, relacionados con las actitudes y conductas individuales.

Se habla mucho respecto a sus *causas*, sin calar profundo en la naturaleza última de la corrupción. Los estudiosos que lo investigan suelen ser prolíficos a la hora de identificarlas: grado de desarrollo económico del entorno; poder económico o social de los individuos corruptos; impunidad que estimula el surgimiento de conductas corruptas; factores culturales; permisividad de las leyes; falta de transparencia y excesos en los trámites burocráticos; oportunidades que se presentan para delinquir sin temor al castigo; falta de oportunidades económicas y sociales; imitación de conductas corruptas etc., etc. En particular, debo reiterar lo que ya antes subrayé: la tendencia de ciertas sociedades a estirar sus márgenes de tolerancia a la corrupción; a aceptar conductas corruptas a cambio de que se hagan obras de interés público. Según Latino-barómetro 2016, corporación de derecho privado, casi el 40% de los consultados ese año sobre si aceptan la corrupción de los gobiernos si éstos solucionan otros problemas de sus respectivos países, respondieron que sí, e incluso, en varios países centroamericanos y del Caribe el sí, con niveles superiores al 50%, superaba largamente al promedio regional.

Ahora bien, más que causas, estas circunstancias son solo caldos de cultivo en los que florece la corrupción. Conviene pues no enredarnos en explicaciones superficiales, simplistas y reduccionistas, y más bien ir al fondo del asunto, sobre todo teniendo en cuenta el carácter crucial que tiene la actitud individual.

Frente al panorama general de la corrupción debemos hacernos ciertas preguntas básicas: ¿Qué es la corrupción?, ¿por qué hemos de considerarla abominable y por tanto rechazable?, ¿puede haber solución para el problema de la corrupción universal?

El abuso en todas sus formas es una de las notas características de la corrupción, que amordaza la consciencia y trae como consecuencia ese sesgo que hace a un lado los intereses de los demás. El abuso siempre colisiona con los derechos de los otros, lo cual pone en evidencia su falta de ética y su inmoralidad. El egoismo extremo es otra de sus características básicas, por eso su inconsciencia e indiferencia respecto al daño que causa a la sociedad. Todo ello hace ver que el valor que se le contrapone, el valor ético, hay que entenderlo básicamente desde el interés colectivo, no desde el interés individual.

¿Por qué es detestable?, ¿por qué hay que rechazarla?, ¿existe acaso una respuesta contundente que persuada a todos de la necesidad de rechazarla? El principio kantiano de universalizabilidad es una prescripción deontológica (*deber ser*) razonable [29] que supone un rechazo a lo no

---

[29] . La idea de universalizabilidad de ciertos valores fue sustanciada por Kant cuando formuló su imperativo categórico según el cual el ser humano debe obrar de forma tal, que pueda desear que lo

universalizable, como es el caso de la corrupción. Sin embargo, no da respuesta a la pregunta de por qué los individuos han de guiarse por la idea de rechazo a la corrupción. Y no la da por una sencilla razón: porque no hay una respuesta que convenza a todos de la validez universal y permanente del rechazo a la corrupción. Por supuesto que en el campo de las creencias religiosas sí hay respuestas aceptables y satisfactorias que los creyentes las consideramos de validez universal y permanente, pero ese no es el caso de muchos otros seres humanos que siguen esperando una respuesta que sea irrebatible en cualquier campo, religioso o no religioso. Con razón Peter Singer dice que: *"A la pregunta de ¿por qué debemos actuar moralmente? no se le puede dar una respuesta que ofrezca a todo el mundo razones irresistibles para actuar moralmente"* [30]. La omnipresente relatividad moral en el tiempo y el espacio se yergue como una barrera infranqueable. Acciones que a unos parece éticas, a otros puede parecerles lo contrario. La discrepancia de criterios se complica aún más cuando la justicia y la ley se contraponen. A Jean Valjean pudo haberle parecido justificable robar un pan cuando los suyos pasaban hambre, pero al Inspector Javert no [31].

Por otra parte, el valor ético de la universalización kantiana depende de lo que se quiera universalizar. Por supuesto que lo *ético* es universalizable, pero no todo lo que se universalice es necesariamente ético. Un ejemplo de esto último es la universalización (en progreso) de antivalores, tales como: la legalización del consumo de drogas con fines recreativos; el aborto, hasta las 14 semanas de embarazo, por la mera voluntad de la madre; el matrimonio entre individuos del mismo sexo, etc. En el mismo

---

que guía su accionar se convierta en una ley universal.
[30] Peter Singer, "Ética Práctica", capítulo 12
[31] Víctor Hugo, "Los Miserables".

sentido, lo *racional* es universalizable, pero no es acceptable creer que todo lo que se universaliza es racional. Ejemplo de esto último es la irracional voluntad de muchos líderes políticos de dotar de armamento nuclear a sus respectivos países.

¿Tiene solución la corrupción universal? Dije anteriormente que el desarrollo espiritual individual es la base para el buen desempeño del conjunto social, y que las soluciones organizacionales no son suficientes si no se da lo primero, lo cual es plenamente valedero en el caso de la corrupción.

Las naciones han desarrollado abundantes arbitrios organizacionales destinados a prevenir y combatir la corrupción, no obstante lo cual el problema sigue presente. A nivel supranacional los estados también han establecido solemnes compromisos con ese fin, como es el caso de la Convención de las Naciones Unidas Contra la Corrupción (2003), que complementa a otra anterior de carácter más general, la Convención de las Naciones Unidas contra la Delincuencia Organizada Transnacional (2000). Todos estos arbitrios intentan contener el problema, y en alguna medida lo hacen, pero no logran erradicarlo, ni siquiera reducirlo significativamente, por no tener el necesario soporte en actitudes individuales sanas. El fracaso de la solución normativo-organizacional se ha hecho aún más patente en la segunda década del Siglo XXI, en la que claramente se puede ver que el problema ha alcanzado dimensiones planetarias. Un ejemplo de esto es la corrupción rampante, relacionada con el manejo de los asuntos públicos, en la que están involucrados presidentes de varios países latinoamericanos, así como muchos otros altos funcionarios de sus respectivos gobiernos.

Si, conforme Al relato del centésimo mono, no se desencadena una corrida generalizada hacia la honestidad, de modo que todos o casi todos sean honestos, persistirá la presencia de la corrupción, e incluso, en el caso de que se hubiere logrado reducirla significativamente, subsistirá el peligro de que repunte. Más aún, suponiendo que nadie en una sociedad incurra en corrupción debido al imperio de la ley y el orden, aún así habrá el riesgo de que el mal retorne si la actitud individual de todos no es genuina y espontáneamente honesta. Todos estos riesgos existen no solo debido a la naturaleza humana sino también a la dinámica del ciclo de las actitudes y sus mecanismos de imitación y propagación, principalmente.

En cuarto lugar, las adicciones, que constituyen otro gran problema del mundo contemporáneo. La adicción es la afición compulsiva, recurrente y desmedida al uso o consumo de ciertas sustancias (adicción a sustancias) así como a la práctica de conductas igualmente compulsivas, recurrentes y desmedidas, no relacionadas con el uso o consumo de sustancias (adicción conductual). La adicción supone cierta incapacidad para la abstinencia permanente de sustancias, en el primer caso, así como para controlar la propia conducta en el segundo. Desde luego, no hay que confundir la adicción conductual con el hábito y la dedicación, sobre todo cuando estos últimos persiguen nobles objetivos, y en todo caso su diferencia con la adicción conductual es muy grande.

Las formas que asumen las adicciones son muy variadas. Van, como ya se mencionó, desde aquellas aficiones desmedidas a sustancias, tales como drogas, alcohol y tabaco, hasta aquellas otras, conductuales, como las aficiones desmedidas  al trabajo, al sexo, a los juegos de azar, a la televisión, a las nuevas tecnologías, etc., etc.

Los diagnósticos que se hacen respecto a las causas de la adicción también suelen ser excesivamente reduccionistas, pues reducen el análisis a solo factores materiales, generalmente de base neurobiológica. Ello determina que los diagnósticos se sesguen hacia explicaciones tales como la de que la adicción es simplemente una enfermedad cerebral debida a la liberación de dopamina en el cerebro, o la de que se origina por determinadas condiciones genéticas. También suelen hacerse diagnósticos meramente tautológicos, que no explican ni aportan nada, como aquel que dice que la causa de la adicción es el uso de sustancias adictivas.

Estos tipos de diagnósticos conducen a soluciones igualmente sesgadas, como la de tratamientos clínicos con sustancias químicas como la metadona, así como otros basados en la estimulación cerebral profunda. El reduccionismo se enfoca en causas y soluciones materialistas, excluyendo así el papel que juega la dimensión espiritual del ser humano, especialmente su voluntad. Pero la voluntad es decisiva para evitar los tentáculos de la adicción, más aun si se tiene en cuenta que una buena actitud individual puede aumentar la fuerza de voluntad que se requiere para oponerse y vencer a la adicción. Hay un momento crítico en el que la voluntad y su fuerza espiritual juegan un papel decisivo para definir si el individuo cae en la trampa de la adicción o si se mantiene a salvo de ella. Esa circunstancia resulta clara en el caso de la adicción a sustancias. Si tiene la actitud debida y la suficiente entereza y fuerza de voluntad, puede abstenerse de introducirlas en su cuerpo, con lo cual evita que su organismo se acostumbre a recibirlas dentro de sí y se vuelva dependiente de ellas. Así pues, el resultado de la lucha entre la adición y la voluntad que se opone a ella es crucial. Adicción que domina a la voluntad es perdición; voluntad que domina a la adicción es salvación.

Por último, también se advierte en la sociedad organizada actual cierta tendencia a alzar los brazos frente al avance indetenible de las adicciones a sustancias. En efecto, ante el fracaso de las campañas para controlar su tráfico y consumo, la sociedad -chantajeada- suele ceder estirando sus márgenes de tolerancia a estas adicciones, lo que se concreta aceptando la adquisición de las mismas, y consecuentemente despenalizando su consumo. A menudo la despenalización de las adicciones a sustancias se sustenta en un enfoque supuestamente práctico: la despenalización arruinará el negocio de los traficantes de drogas, y con ello desaparecerá, o al menos disminuirá considerablemente, la criminalidad vinculada a un tráfico que mueve multimillonarias sumas de dinero, pues donde hay dinero hay corrupción, delincuencia organizada y criminalidad grave. Pero, por otra parte, es lógico suponer que el efecto primario y directo sobre el consumo de drogas ha de ser el aumento del consumo. Un ejemplo reciente de despenalización y de su efecto directo sobre el consumo es la legalización del consumo de marihuana para *"fines recreativos"*, decretada por el gobierno del Uruguay en julio de 2017. Según un estudio realizado por dos organismos franceses [32], el consumo de marihuana ha aumentado en el Uruguay luego de la legalización. Por cierto, no deja de llamar la atención cierta disonancia cognitiva, pues por un lado se lucha contra el tabaquismo, y, por otro, se estimula el fumar cannabis. Pero más allá de estas consideraciones subyace una pregunta de fondo, que trataré de formularla con sencillez. Según el enfoque práctico que subyace bajo la despenalización, lo que se buscaría es sustituir un mal mayor, la criminalidad con su sarta de corrupción, secuestros y asesinatos, por otro menor, el aumento del consumo. Pero visto este enfoque con una

---

[32] Instituto de Altos Estudios de Seguridad y Justicia, y Observatorio Francés de Drogas y Toxicomanía (OFDT), según información del diario uruguayo El Observador, de 6 de octubre de 2017.

perspectiva abarcante en el tiempo, me pregunto: a la larga, el aumento mundial del consumo de este tipo de sustancias, ¿es realmente un mal menor?

Para completar esta breve lista de los problemas sociales más relevantes relacionados con la actitud individual, es necesario considerar un quinto gran problema, el de la *violencia,* especialmente la que se origina en el poder, así como en lo ideológico-religioso.

¿Qué relación hay entre la violencia y la actitud individual? Pues aquella que, como en el caso de otros problemas sociales, se produce en la fase de interioridad, en la que toma cuerpo la actitud individual que luego se manifiesta en la de exterioridad a través de la conducta. Ahí, en esa primera fase, los factores pre-sociales y sociales, de los que ya hablé en la Parte I, dan forma a la actitud que adopta el individuo respecto a la violencia, en unos casos para rechazarla de plano, y en otros, lamentablemente, para considerarla como una opción válida, y a veces la más importante, sino la única. Ahí, en la etapa de interioridad es cuando el individuo echa mano de los principios que profesa, sean consecuencialistas o deontológicos [33], y ahí, en esa etapa, es cuando puede equivocarse y, por lo tanto, es cuando más necesita de referentes sólidos que lo guíen, conforme se verá más adelante.

En el mundo actual hay una gran variedad de violencias, siendo una de ellas, tal vez la más grave, la que se practica desde el poder, cualquiera que éste sea: político, económico, cultural, religioso, delincuencial o

---

[33] El consecuencialismo o ética teleológica sostiene que lo bueno o lo malo de una acción está determinado por sus consecuencias. En cambio, la deontología en su acepción amplia, que va más allá de los deberes profesionales, trata sobre lo que éticamente debe y lo que no debe hacerse, es decir, trata sobre el *deber ser.*

meramente circunstancial. Un ejemplo actual, referente a la violencia verbal ejercida desde el poder político, entre tantos otros que se podrían mencionar, es el de Kim Jong-un, dictador de Corea del Norte, quien amenazó con atacar a Estados Unidos con proyectiles nucleares de largo alcance, y de Donald Trump, presidente de éste último, quien le respondió con desmesura al afirmar que, de ser atacado su país o sus aliados, *destruiría totalmente a Corea del Norte*. Tiempo después de estas declaraciones la relación entre los dos líderes se distendió, en buena hora, pero ello no supone desvirtuar ni olvidar la grave crisis que vivió el mundo debido a las actitudes belicistas de esos dos personajes. ¿Tiene algo que ver todo esto con el tema que estoy tratando? Mucho, pues al estar ambos al mando de poderosos medios de destrucción masiva, sus actitudes individuales resultan cruciales para la paz mundial, y lamentablemente la del primero fue de lo peor, pues raya con una demencia belicista inaudita. Por su desmesura, la del segundo resultó una reacción irracional y visceral, incompatible con la serenidad y sensatez con que deben tratarse las crisis internacionales de esta naturaleza. Parece como que sus actores no se hubieran dado cuenta que si la situación se les salía de las manos podría haber desembocado en una violencia de consecuencias apocalípticas.

Existe una forma de la violencia que da el poder, por demás extendida: la delincuencia, incluso la transnacional, que se apoya en la violencia física o en la amenaza de su uso, y sobre todo en el malsano poder que da la carencia de principios éticos. Desde luego hay otra clase de delincuencia, de la que no me ocuparé ahora de manera específica, que suele llamársela de "cuello blanco", que no se apoya en la violencia física sino en la astucia.

Al delito se lo define por su colisión con el ordenamiento jurídico social, pero si bien se mira, su nocividad última trasciende hacia la esfera de la ética, más allá de lo poco o lo mucho que quebrante la ley. Al relacionarlo con la ética entramos en esta importante esfera, y por ende en la de las actitudes individuales. En otras palabras, la delincuencia es reprobable no solo por su quebrantamiento de la ley, sino, sobre todo, por su inobservancia de los valores éticos. Esta aclaración es necesaria pues hay casos en que se viola la normativa social por motivos superiores a la ley misma, en tanto que en otros se cumple con la legalidad pero se vulnera la justicia. Por eso es que no se puede pasar por alto la real actitud del individuo al momento de quebrantar la ley, o de cumplirla.

En el caso de la delincuencia la fase de exterioridad tiene enorme incidencia sobre lo individual. Aquí, una vez más, se ponen a prueba los valores individuales, que de no estar sólidamente afincados en el alma humana, ceden ante la presión del entorno, y en no pocos casos ante la necesidad.

Una variante de violencia verbal-política es la violencia verbal-ideológica, esto es, la que tiene como telón de fondo alguna ideología, es decir, *"Un conjunto de ideas fundamentales que caracteriza el pensamiento de una persona, colectividad o época..."* [34], y que puede ser cultural, política o religiosa. Un ejemplo de violencia verbal-ideológica, y más concretamente verbal-religiosa, podría ser la del Corán, cuando dice que los que creen que *"Dios es el tercero de una triada"* son *infieles* [35], declaración que fácilmente lleva a los creyentes extremos a la violencia física, y a ordenar exterminar a los infieles, como se verá más adelante. Al considerar este

---

[34] Real Academia Española
[35] El Corán, Azora V: 77

tipo de violencia lo primero que hay que preguntarse, a los efectos del hilo reflexivo de este ensayo, es cómo se relaciona con la actitud individual. La respuesta es obvia. Es el individuo el que decide en su fuero interno qué elementos ideológicos, propios o provenientes del entorno, acepta y hace suyos. Es él quien decide si esos elementos han de darle un tinte violento o pacífico a su ideología. El medio social presiona al individuo para que acepte su ideología, frente a lo cual éste no permanece indiferente sino que reacciona. Y aquí es donde entran en juego la consciencia y los valores, que inducen al individuo a aceptar sin reparos la ideología propuesta, a aceptarla con algunos de ellos, o simplemente a negarla de plano. Esta interacción con el entorno también tiene sentido inverso, esto es, que la ideología del individuo, cuando se pluraliza, puede llegar a configurar una ideología de la comunidad. Así se dibuja claramente la interacción ente el individuo y el conjunto social, y sobre todo, se hace patente la importancia que tiene la actitud individual en ambos sentidos de la interacción.

Probablemente el ejemplo actual más conspicuo de la deriva hacia la violencia física, sea el terrorismo religioso, originado en un fanatismo que le impide reconocer la diversidad del alma humana, así como tolerar y respetar las ideas y creencias diferentes a la propia. Así, otra vez, la irracionalidad deja ver su torva figura arremetiendo contra quienes piensan distinto. Los fanáticos lo hacen con acciones demenciales que llegan incluso al asesinato y al suicidio kamikaze, creyendo que así prestan servicio a Dios.

Al llegar a este punto se hace inevitable reparar en cómo algunos textos sagrados le dan a los fanáticos religiosos pretextos para, en base a ellos, tratar de justificar lo injustificable, para justificar su propia violencia. Ejemplo de esta clase de textos es el libro de Josué, sobre la toma de Palestina por los hebreos, supuestamente apoyados por Jehová. El libro es el relato de cómo los hebreos masacraron a la población de Palestina hasta conquistarla (¿o reconquistarla?) a toda ella; de cómo los triunfadores de las batallas no hacían prisioneros, ni convertían en esclavos a los vencidos, como ellos mismos lo fueron en Egipto, nada de eso, sino que a hombres, mujeres y niños los pasaban por las armas; de cómo en las batallas ni los caballos de los vencidos se salvaban, pues los desjarretaban; de cómo el propio Jehová supuestamente participaba en las batallas matando directamente a muchos enemigos de Israel [36]; y, de cómo el Dios de Israel supeditaba su apoyo a los invasores hebreos, a que éstos maten a sus enemigos [37]. ¿Fue de inspiración divina toda esta violencia, o tal inspiración fue solo un mito hebreo para justificarla?

Y como ya lo anticipé, el Corán también tiene textos que dan lugar a que ciertos fanáticos religiosos pretendan basarse en ellos para justificar su propia violencia. Un ejemplo es la azora VIII ("El botín") en la que se habla de exterminar *"hasta el último de los infieles"*, esto es, hasta el último de los seres humanos que no creen en Dios; de que cuando los creyentes matan infieles es Dios mismo quien lo hace; de aterrorizar a los enemigos *"y a otros distintos a ellos"* (es decir, a inocentes); de no hacer prisioneros hasta que la tierra se haya cubierto *"con los cadáveres de los incrédulos"*, etc. En fin, un texto que rezuma violencia fanática por los cuatro costados. Los ataques del 11 de septiembre del 2001 a las torres gemelas de Nueva York fueron una trágica muestra de cómo el fanatismo religioso puede

---

[36] Josué 10:11
[37] Josué 7: 2-13

conducir a una barbarie inimaginable. Luego de producidos los atentados de ese día Bin Laden y otros líderes de Al Qaeda declararon, con descaro inaudito, que los que murieron en esa ocasión *"no eran inocentes"*, y que agradecían a Alá por el *"éxito"* de su misión. Sus actitudes individuales eran las de justificar lo injustificable, empujadas por un fanatismo religioso que había sofocado sus consciencias.

En resumen, el denominador común a todo tipo de violencia es la *irracionalidad*, pues las actitudes individuales que le dan cobijo siempre buscan obtener algo, no por razonamiento, sino por la fuerza, la violencia y el terror. En sí misma, la violencia es una prueba más de la ausencia de principios y referentes éticos sólidos y universales que ayuden a evitarla.

**La entropía social.**

No es la entropía en su concepción original, esto es, la de los cambios químicos o físicos del segundo principio de la termodinámica, de la que me voy a ocupar ahora, sino aquella que, aplicada a la sociedad humana, suele llamársela *"entropía social"*. Tampoco es la entropía social de corto plazo, como sería aquella que se presenta como consecuencia de catástrofes naturales, que más bien desencadenan fuerzas sociales que buscan restablecer el orden. La entropía social a la que me voy a referir es la de largo plazo; la que se avizora cuando se considera el curso general de los acontecimientos sociales.

Como todo sistema, la sociedad humana está sujeta a una dinámica entrópica. En su obra ya citada, Herbert Spencer, quien reiteradamente subrayaba que *"en todo progreso, sea de la clase que fuere, se va de lo homogéneo a lo heterogéneo"*, propuso como ley complementaria a lo anterior lo siguiente: *"... toda causa produce más de un efecto"* [38]. Es claro que los procesos a los que se refiere Spencer también están presentes en el sistema social, más aún si se tiene en cuenta la gran diversidad de actitudes que tienen los individuos, y que pueden propiciar la entropía.

Por otra parte, esa diversidad pone en evidencia la necesidad de que las actitudes individuales se acerquen entre sí a fin de minimizar el desorden. Aunque sea obvio, conviene en este punto tener en cuenta que el desorden entrópico no tiene capacidad por sí mismo de producir orden [39]. ¿Pero acercarse bajo qué premisas, bajo qué modelo? Obviamente un modelo hacia el orden, hacia el bien. ¿Y qué pasaría si se acercasen hacia el mal? También se minimizaría el desorden, pero en dirección al mal, hacia un "orden" desordenado, pues aunque la sociedad luciera como ordenada, en el fondo sería una sociedad del mal, algo así como una sociedad "ordenada" regida por una dictadura, a lo George Orwell [40]. Y ese es el peligro que corre la sociedad actual, el de llegar a ser una sociedad del mal.

Vistas así las cosas, es necesario considerar ahora qué factores empoderan la entropía social, para después también considerar aquellos que se le oponen. Entre los factores que la empoderan hay unos que son más visibles que otros. El egoísmo, raíz de tantos males, que ha escalado los más altos niveles de los que se tenga memoria, y las nuevas tecnologías de la comunicación que tan a menudo son utilizadas para diseminar el mal con más eficacia que antes, son dos de esos factores visibles. Así mismo, el elevado nivel de corrupción que se observa en muchos países es otro de ellos, y es uno de los más claros ejemplos no solo del avance del mal sobre

---

[38] Herbert Spencer, "Creación y Evolución", Cap. VI
[39] Un tornado que pasara sobre un gran depósito de chatarra desperdigada por todos lados, no podría armar un Boeing 747. (Alegoría del astrofísico Fred Hoyle, 1915-2001)
[40] George Orwell, en su novela "1984"

el bien, sino también de cómo ciertas sociedades, antes que oponerse a la corrupción, estiran sus márgenes de tolerancia ante la rampante embestida de la inmoralidad, como ya vimos en el caso de sociedades que toleran la corrupción originada en el poder público, a condición de que los gobernantes hagan obra pública.

En el marco del ominoso curso general de acontecimientos negativos que se observa en las sociedades actuales, hay quienes no le dan mucha importancia al poder de penetración del mal. Tras esta actitud suele estar la seducción que ejercen las nuevas tecnologías, que induce a mucha gente a dejar de lado, o al menos pasar a un segundo plano, el tema ético-moral, dando preeminencia absoluta a la ciencia y la tecnología. Cada vez cobra más fuerza la idea de elevar a la ciencia y la tecnología a un plano casi que religioso. Esto se puede advertir con bastante claridad en los textos y foros en los que se debaten las posibilidades de la tras-humanización y la pos-humanización.

En ese curso general de acontecimientos se advierte no solo un generalizado relajamiento de los valores morales, sino también una *inversión* de los mismos, de modo que lo que antes era malo hoy se considera como normal. Como dice la Biblia: *"¡Ay de ustedes, que llaman bueno a lo malo, y malo a lo bueno; que convierten la luz en oscuridad y la oscuridad en luz; que convierten lo amargo en dulce, y lo dulce en amargo!* [41].

Ahora bien, si se rastrea el origen último de esas fuerzas visibles que empoderan la entropía, se llega a algo menos visible: la actitud individual. La actitud individual malsana es la causante última de la entropía social; si

---

[41] Isaías 5:20

no lo parece basta pensar, a modo de ejemplo ilustrativo, en cuál es la causante última de ese enjambre de códigos, ID, claves o *passwords* que complejizan nuestra vida moderna. ¿No tiene eso su origen en la actitud abusiva y hasta delictiva de ciertos individuos, lo cual genera desconfianza en el uso de medios informáticos que nos vemos obligados a utilizar todos los días? ¿No hay ahí un mal entrópico que se filtra a través de los modernos sistemas electrónicos? Indudablemente la política, o mejor dicho, la politiquería, es otro de los factores que más entropía genera, y si se rastrea en este segmento social la causa última de que así ocurra, se encontrará que son las actitudes individuales de muchos políticos las responsables. Claramente se percibe que en todos estos casos es la actitud individual el eslabón inicial de la entropía soial. Así, estas y tantas otras taras sociales que empoderan la entropía tienen su fundamento en la orientación que damos a nuestra actitud individual.

Pero en la sociedad humana también hay fuerzas con capacidad para oponerse a la entropía. En efecto, no obstante el curso general de acontecimientos sociales, negativo para el desarrollo espiritual, subyacen corrientes de pensamiento positivo que procuran nuevos horizontes, por ejemplo las que conciernen al cuidado de nuestra casa común, tema respecto al cual existe una creciente preocupación mundial sobre cómo nuestras conductas y nuestras irresponsables formas de vida están afectando la habitabilidad de nuestro planeta. Pero a despecho de estas fuerzas que se oponen a la entropía y al mal, el problema, al menos por ahora, es que el mal parece avanzar más aprisa que el bien, y todo por las distorsiones que se dan en las actitudes individuales.

Todo ello lleva a la pregunta de si es posible que las fuerzas del bien, las actitudes individuales opuestas al caos y a la degradación, podrán contener la riada de entropía que nos ahoga. Tema que de alguna manera estoy abordado en este breve ensayo.

## Parte III

## El todo y sus partes

**La relación entre el todo y sus partes.**

Así pues, la solución final a los problemas de la sociedad humana radica en la actitud individual, pues aunque el todo tenga atributos que sus partes individuales no los tengan, como lo muestra la experiencia diaria, no puede existir desvinculado de lo que son sus partes. A su vez, lo que el individuo (la parte) es, se refleja en su idiosincrasia, en su actitud de vida y en su conducta. La actitud individual, decisiva y protagónica en el devenir social, es la que a fin de cuentas moldea al conjunto social.

Karl Gustav Jung antepone el siguiente párrafo a la cita con la que se inicia este ensayo: *"Pero la psicología del individuo corresponde a la psicología de las naciones. Lo que las naciones hacen, eso hace el particular, y en tanto lo hace el particular, hácelo (sic) también la nación. Solo el cambio en la actitud del individuo inicia el cambio en la psicología de la nación"*. Jung subraya aún más el nexo individual-colectivo con esta observación: *"Lo que decimos de la humanidad en general puede decirse también de cada individuo, pues de simples individuos se compone toda la humanidad"*. Así, la idea de que la psicología individual determina la de la nación, es lo que lleva a Jung a pensar que la solución de los grandes problemas humanos pasa necesariamente por la renovación de la actitud individual.

El mundo de lo organizacional, ideológico, normativo, formativo e informativo (o simplemente "organizacional") también es importante, pero como complemento a las actitudes individuales, nunca como sustituto. Además, las actitudes individuales de quienes establecen y manejan lo organizacional, también cuentan, y mucho, en el comportamiento del todo social. Por otra parte, las actitudes individuales tienen la tendencia a borrar las diferencias ideológicas entre los sistemas sociales: unas buenas, solidarias y suficientemente pluralizadas actitudes individuales podrían morigerar grandemente las fallas del capitalismo, especialmente las de orden social excluyentes. Ese mismo tipo de actitudes, igualmente pluralizadas, podrían mejorar significativamente todos los órdenes de una sociedad socialista, incluso en el campo técnico-económico. Por el contrario, unas malas pero pluralizadas actitudes individuales anulan o tienden a anular las ventajas de los sistemas sociales: en el sistema capitalista la ventaja que significa dar rienda suelta a la creatividad de la gente, se desdibuja ante los problemas de toda índole que generan los egoísmos individuales y de grupo. En el sistema socialista las malas y pluralizadas actitudes, sobre todo de quienes ejercen el poder político, convierten en puramente caricaturesco el ideal de justicia social, y son responsables del atraso y del abuso de ese poder.

He dicho que no es posible el desarrollo integral del todo social sin el desarrollo espiritual individual de quienes lo conforman, porque el todo no puede ser aquello a lo que sus partes se oponen que sea. Se podría argumentar, erradamente, que eso entra en contradicción con el principio de que el todo es más que la suma de sus partes. La argumentación diría que existe esa contradicción porque mientras por un lado se estaría postulando implícitamente que para que el desarrollo integral del todo social se pueda dar, las partes deben cumplir el requisito del desarrollo espiritual individual, mientras que por otro, eso no sería necesario, pues es normal y evidente que, siendo el todo más que la suma de sus partes, el todo bien puede tener atributos que sus partes no los tengan. Una orquesta sinfónica, diría el argumento, tiene un alto grado de majestuosidad musical pese a que cada uno de sus instrumentos no la tenga en ese mismo grado.

La contradicción no existe porque, como lo subrayé anteriormente, aunque el todo tenga atributos que las partes no los tengan, no puede ignorar lo que son sus partes, so pena de que ese mismo todo se desmorone. El creer que existe esa contradicción conlleva la idea de que el desarrollo espiritual individual y los atributos que tiene el todo social son objetos independientes entre sí, sin relación alguna, de modo que el desarrollo espiritual individual no sería un requisito indispensable para que se dé el desarrollo integral (material y espiritual) del todo social. Pero hemos visto que la dinámica de las actitudes, es decir, su ciclo, no funciona así. Funciona con inter-relacionamientos. Es producto de una interacción entre lo individual y lo colectivo. El todo social y sus partes no son objetos independientes entre sí, sino que la subjetividad de la parte influye sobre el todo social, y viceversa. Si adhiriésemos militante y excluyentemente a la idea de que son independientes, no podríamos acceder jamás a la verdad.

Ahora bien, las reflexiones anteriores se refieren a lo social, pero podemos observar que no solo en ese campo no existe tal contradicción sino tampoco en otros. Si bien es cierto que el todo tiene atributos que sus partes no los tienen, no es menos cierto que son las partes las que hacen posible que el todo tenga tales atributos *aunque ellas mismas no los tengan*. Es la actividad conjunta de las partes la que hace posible que el todo llegue a tenerlos. Pensemos en un ejemplo del reino vegetal, un árbol de cananga. Las más diminutas partes de las que está compuesto, átomos, moléculas y células, no tienen, individuamente consideradas, el aroma que exhala el árbol de la *cananga odorata*, pero evidentemente éste tampoco la tendría si sus diminutas partes no fueran lo que son, si no fueran permisivas, *funcionales,* para que el árbol tenga a la fragancia que tiene. Pensemos en un ejemplo cultural, el de la antedicha orquesta sinfónica. Cada uno de los instrumentos que la componen emite su propio sonido, aquel que le es característico, el cual no tiene la majestuosidad que tiene el sonido de la orquesta, la cual, por lo tanto, tiene un atributo que sus partes no lo tienen, la majestuosidad. Pero he aquí que el sonido de la orquesta no se oiría como se oye si sus músicos individuales no fueran lo que son, ni actuaran como actúan, como lo vamos a ver enseguida.

**El principio de imposibilidad y la posibilidad volitiva.**

Lo que voy a abordar ahora es el hecho de que el *ser* (verbo) de las partes, o su *manera de ser,* para decirlo en su forma más común, es lo que hace posible que el todo tenga atributos *que ellas mismas no los tienen*. A estos efectos voy a apoyarme en los ejemplos de la orquesta y de la cananga para luego referirme al todo *social*.

Aunque cada uno de los instrumentos musicales individualmente considerados no tenga la majestuosidad del sonido de la orquesta, son *sinérgicos* en cuanto a lograr que el conjunto de todos ellos sí la tenga. Si los sonidos de los instrumentos musicales no fueran *sinérgicos*, sino que cada uno de ellos emitiese sonidos incompatibles con el resultado global que se busca, no se produciría el efecto sonoro superior que caracteriza al sonido de la orquesta. Por muy virtuoso que fuese el director en la conducción del conjunto de nada le serviría si no hay sinergia instrumental. Tampoco le serviría si no hay sinergia humana, esto es, si los músicos individuales no siguieran las instrucciones gestuales del director, o si cada uno de ellos leyera las partituras a su manera. Los músicos y sus instrumentos deben ser *lo que deben ser* para que la orquesta pueda emitir el sonido que de ella se espera. Si no hubiera esa sinergia dual, instrumental y humana, el sonido de la orquesta sería la mera suma de sonidos individuales inconexos que no podría dar lugar a la emergencia de aquella armoniosa majestuosidad, pues esta última no puede emerger del caos y el desorden.

Obsérvese que por ser sinérgicos, los elementos de los que se compone la orquesta también son *permisivos,* no *opuestos*, a que la orquesta toque con la armonía que de ella se espera. Si no fueran permisivos no se podría alcanzar ese objetivo; por ejemplo, si los instrumentos no fueran sinérgicos, si unos emitieran sonidos de tan altos decibeles que fuesen incompatibles con el oído humano, y otros tan bajos que solo ciertos animales pudiesen oírlos, entonces serían *impeditivos,* opuestos, y el conjunto de ellos no podría sonar como corresponde.

Lo dicho para el ejemplo de la orquesta también es aplicable para el de la cananga, toda vez que sus partes, incluyendo las microscópicas, en el fondo también son sinérgicas y por ende permisivas. Repárese en que, aunque no tengan la fragancia de la flor, sus partes son sinérgicas, lo que se prueba porque siendo la flor fragante es evidente que son los componentes micro y macro los responsables de que lo sea. Son las partes de la flor las que determinan que ésta sea fragante. El ADN de sus células apuntan a ese objetivo; si apuntara a que la flor fuera inodora, serían impeditivas respecto a ese objetivo, y la flor no podría tener el atributo de fragancia que tiene.

Tanto en el caso de la orquesta como en el de la cananga, las partes individualmente consideradas no tienen ni pueden llegar a tener los atributos que tiene el todo, pero no impiden que el todo pueda llegar a tenerlos, y es precisamente por eso que el todo los tiene. Ni las partes de la cananga, ni los instrumentos individuales de la orquesta tienen, ni pueden llegar a tener, individualmente considerados, la fragancia y la sonoridad, respectivamente, que tienen los conjuntos a los que se pertenecen; no está en su naturaleza el tenerlos. Pero entonces, ¿cómo es posible que no teniendo esos atributos, las partes, sin embargo, posibiliten que el todo los tenga? La respuesta está en unas suficientes sinergia y permisividad, dupla a la que por brevedad llamaré *funcionalidad*. Funcionalidad de las partes con respecto al todo. Al tener esa funcionalidad, al ser lo que deben ser, el *ser* de las partes no es un impedimento para que el todo pueda tener atributos que sus partes no los tienen, sino que, por el contrario, ese *ser* de las partes resulta amigable con la emergencia y desarrollo de esos atributos en el todo social. Los músicos y sus instrumentos, así como las partes de la cananga, tienen esa funcionalidad.

Repárese entonces en que una cosa es que el todo tenga atributos que sus partes individuales no los tienen, y otra muy distinta que estas últimas tengan atributos *contrarios o impeditivos* a los que se espera que tenga el todo. En el primer caso el todo puede tener atributos que sus partes no los tienen, no así en el segundo, en el que las partes no solo que no son sinérgicas, sino también *impeditivas.* Por brevedad llamaré *principio de imposibilidad* a la impedancia del segundo caso.

Con estos antecedentes, dejemos de lado por un momento los ejemplos de la cananga y la orquesta, y ocupémonos ahora de lo que ocurre en el orden social, en el cual las cosas son mucho más complejas y radicales. Aquí otra vez el *ser* de las partes determinan el *ser* del conjunto social. De nada serviría la más perfecta organización del conjunto social, que apunte, por ejemplo, hacia la justicia y la equidad, si los individuos que lo forman no fueran lo suficientemente sinérgicos como para que la sociedad en su conjunto provea justicia y equidad para todos, o peor aún, si fueran claramente impeditivos, opuestos.

Obsérvese que el principio de imposibilidad no es absoluto sino *condicional,* en el sentido de que implícitamente conlleva la posibilidad de que el todo sí pueda llegar a tenerlos si las partes dejan de ser opuestas y llegan a ser lo que deben ser para lograrlo.

Al considerar el principio de imposibilidad en el campo social, la complejidad empieza a aflorar a la superficie. Complejidad porque tenemos que admintir que la imposibilidad podría no ser unánime, sino que unas partes sean impeditivas y otras no. ¿Podría el todo social tener ciertos atributos a pesar de que una parcela de sus partes, digamos que la mayoría, sea opuesta a que los tenga? ¿Podrían darse condiciones favorables para que a pesar de ello sí pueda tenerlos? Así como inicialmente un solo mono, astuto y perspicaz, adquirió la costumbre de lavar los camotes, pero no el conjunto, algunos humanos pueden ser justos y equitativos aunque el conjunto social no lo sea. Entonces puede empezar a operar la dinámica del centésimo mono, según la cual, aunque el todo no tenga el atributo de justicia y equidad, puede llegar a tenerlo si las partes que sí lo tienen *se pluralizan suficientemente*. Así, la agregación de actitudes justas puede dar por resultado un todo social justo. La dinámica de los grandes números puede propagar y consolidar la conducta justa, al punto de involucrar a la totalidad o a la casi totalidad del conglomerado social. En este punto la pluralización o agregación de actitudes y conductas justas juega un papel decisivo. He ahí una tenue y teórica luz de esperanza.

Pero he aquí que, como lo anticipé, en el orden social las cosas son más complejas y radicales. Para que exista funcionalidad -por sinergia y permisividad- es preciso que exista *voluntad;* una voluntad de las partes sociales para llegar a ser lo que deben ser, si no lo son ya, para tener los atributos que se quiere que el todo también tenga. Hay pues una posibilidad condicional-volitiva de que las partes y el todo lleguen a tener los atributos que se desea que tengan. Pero reitero: de nada serviría que exista funcionalidad en los individuos si no hay voluntad para pluralizar las actitudes y conductas que, en el marco del ciclo de las actitudes, conduzcan a que el todo tenga los atributos que de él se esperan.

Pero en el orden social también hay elementos *impeditivos,* que se oponen a que el todo tenga los atributos deseados. Si estos elementos no se transforman en sinérgico-permisivos, el todo no puede llegar a ser lo que debe ser. Claro que pueden ser transformados, pero esto, a su vez, exige una transformación profunda de la actitud individual en todos los niveles sociales, una nueva forma de pensar y actuar, un *"volver a nacer"* en palabras de Jesús de Nazaret. Solo así el ser humano errado puede ser capaz de reconocer y aceptar la verdad, la verdad que le hace libre, y enfilar su conducta hacia objetivos sociales superiores, racionales, justos y deseables.

Los elementos impeditivos actúan de manera subrepticia unos, y abiertamente impeditivos otros. Ejemplo de elementos subrepticios son los intereses creados en torno a la utilización de combustibles fósiles que, sin admitirlo abiertamente, se oponen a un cambio radical de la estructura energética (también llamada "matriz energética") de las naciones, utilizando para ello toda clase de argucias y cabildeos para lograr sus objetivos egoístas. Recuérdese en este punto, a título de ejemplo, la denuncia de Al Gore en el sentido de que hay científicos que reciben dinero de las empresas del carbón y del petróleo a cambio de decir que el calentamiento global no existe (Sección *"El estado del arte de las actitudes de vida"*, de este mismo ensayo.) Este elemento impide o trata de impedir, de manera más o menos velada, que el todo social actúe de manera racional y responsable con respecto al cuidado del planeta.

Ejemplo de elemento abiertamente contrario a que el conjunto social tenga atributos de justicia y equidad, es la idea nietzscheana de la *voluntad de poder* y el superhombre. Dio lugar al surgimiento de ideologías derivadas, abominables, como el fascismo, que propugna descaradamente la superioridad de unos seres humanos sobre otros basándose en razones étnicas. Igual que en el caso anterior, impide o intenta impedir que la sociedad tenga atributos de inclusión étnica y de justicia para todos sus miembros. Lo más lamentable de los elementos impeditivos, subrepticios o cínicos, es que la dinámica del centésimo mono y los mecanismos de propagación del ciclo de las actitudes, también sirven a su propagación. Ejemplos sobran, basta considerar alguno de los grandes problemas sociales de la actualidad, como la corrupción por ejemplo.

En resumen, el todo social no podrá tener los atributos que de él se esperan si las partes son opuestas a que los tenga; si éstas no son o llegan a ser *lo que deben ser* para que los tenga. Sin embargo, el todo sí puede llegar a tener esos atributos si las actitudes que emergen en la fase de interioridad son funcionales, y su pluralización se da en medida suficiente. Y ahí la voluntad individual juega un papel crucial, pues ella es indispensable para que las actitudes y conductas sean lo que deben ser y se propaguen. Lamentablemente la pluralización de las actitudes también sirve a la propagación del mal, y en tal caso las consecuencias son otras, muy diferentes.

Por último, demás está reiterar que el hilo conductor de este ensayo corresponde al campo social exclusivamente, y que si alguna referencia se hace a otros campos, como los mencionados anteriormente, es por razones didácticas y de similitud, exclusivamente.

## Parte IV

## La actitud individual y el *deber ser*

**El bien y el mal.**

Me he referido al ciclo de las actitudes y a la masa crítica, reconociendo que se trata de mecanismos que pueden servir al bien o al mal. Ahora debo hilar más fino en torno a este específico tema, el del bien y el mal, y siempre en relación a las actitudes de las personas.

La voluntad, factor básico para la orientación de las actitudes hacia el bien o hacia el mal, es de lo más viario pinta: desde la voluntad solidaria y corajuda del individuo que pone en riesgo su propia vida para salvar la de otro que está a punto de perderla, hasta la *voluntad de poder* de Nietzsche. En el primer extremo ya se dibuja claramente la orientación hacia el bien, y la probabilidad de hacerlo hacia el mal en el segundo.

En el primer extremo está el poder de la voluntad para hacer cosas buenas. ¿Qué cosas buenas? Otra vez, una variedad infinita de cosas buenas no solo en favor del propio individuo que las hace sino también, y principalmente, en favor de los demás, o para decirlo redondamente, en favor de todos. El caso en que se hace algo bueno en favor de los demás es particularmente significativo en cuanto a poner de manifiesto lo mejor de nuestra humanidad. Se lo hace a impulsos de una actitud altruista y solidaria que puede orientarse en favor de cualquier individuo, incluso cuando no sea *"de los nuestros"*. Dice Timothy Keller que si vemos que una persona completamente desconocida cae a un río, saltamos para rescatarla, o nos sentimos culpables toda la vida por no haberlo hecho, y que, incluso, la mayoría de las personas se sentirían obligadas a hacerlo aunque esa persona fuese su enemigo [42]. Grande es la variedad de cosas buenas que puede hacer la voluntad en favor de los demás. Nuestra voluntad tiene el poder de hacerle amable la vida al prójimo. El poder de hacer cosas buenas en favor de *todos* puede abarcar todo cuanto podamos imaginar: construcción de sociedades más justas y solidarias; acciones colectivas para la conservación de nuestra *casa común;* exploración de nuevos horizontes científicos, etc.

En el otro extremo ya no está el poder de la voluntad, sino la voluntad de poder nietzscheana, basada en un individualismo malsano que no ha sido, no es, ni será nunca fundamento seguro para un futuro deseable de la humanidad. Es locura ensalzar sin limitación alguna las ansias de poder per se, esto es, el poder por el poder, argumentando que por esa vía se alcanzará la excelsitud de unos pocos; locura es afirmar que los conceptos morales son un fraude; que el libertinaje del espíritu es algo bueno; y, que la fe, el amor y la esperanza no son más que astucias cristianas [43]. Locura es denigrar la debilidad y precariedad de los más vulnerables, como también ensalzar, sin el menor rubor, la maldad de quienes ejercen una abusiva voluntad de poder [44]. De haber vivido durante las guerras mundiales, Nietzsche probablemente las habría justificado

---

[42] Timothy Keller, "En Defensa de Dios"

[43] Nietzsche, "El Anticristo"

[44] *"...el mal es la mayor fuerza del hombre. ¡El hombre tiene que hacerse mejor y más malo! Eso es lo que yo enseño. Un mal mayor es necesario para el mayor bien del superhombre. Padecer y sufrir por los pecados de los hombres podía ser bueno para aquel predicador de gentes pequeñas (se refería a Jesús). Mas yo me regocijo del gran pecado como de mi gran consuelo"* (Nietzsche, "Así Habló Zarathustra").

considerándolas como un hecho positivo; se habría deleitado con la ideología de la raza superior, la voluntad expansionista nazi, y el holocausto judío. Y es posible que, de haber vivido en la actualidad, también habría justificado la barbarie de Estado Islámico.

La *voluntad de poder* nietzscheana tiene un claro sesgo ideológico que pone al poderío *per sé* como el protagonista, en cambio el *poder de la voluntad* no es necesariamente sesgada, no es ni buena ni mala, es solo el instrumento psicológico del que se vale el ser humano para perseguir aquello que le dicta su consciencia, para bien o para mal.

**El *deber ser* individual y los referentes deontológicos.**

Llegados a este punto podemos inferir la importancia del *deber ser* individual, y con ello también la de los referentes deontológicos necesarios para entender el *deber ser* y caracterizarlo razonablemente. Y no se trata de un *deber ser* cualquiera; se trata del *deber ser* del ser (sustantivo) humano, la realidad ontológica más compleja y significativa del universo conocido.

Hay varios paradigmas del deber ser provenientes del entorno social que pugnan por infiltrarse en nuestras psiquis, los cuales no necesariamente apuntan hacia el bien. Los hay aquellos que buscan la verdad y la justicia, pero también hay de los otros. En este escenario el individuo considera no solo sus propias experiencias, percepciones, creencias y convicciones, sino también esos insumos externos, y, haciendo uso de su voluntad y libre albedrío, los adopta, los adapta a su propia idiosincrasia, o simplemente forja su personal deber ser, todo eso durante su fase de interioridad. Con ello cada individuo llega a tener su propia actitud, que puede o no coincidir con las de los otros; una actitud individual que, a su vez, no puede evitar, ya en la segunda fase del ciclo, estar expuesta a la influencia del entorno, o a influir sobre él.

¿Qué principios deontológicos provenientes del entorno son los que pugnan por infiltrarse en nuestras mentes? Son muy variados, y van desde los de las culturas que buscan elevar la espiritualidad de la gente hasta aquellos otros que la pervierten al postular antivalores como si fuesen valores.

Ahora bien, sería un error pensar que frente a la presencia de paradigmas que apuntan al bien unos y al mal otros, tenemos la suficiente perspicacia para elegir correctamente. Suficiente voluntad sí tenemos, pero ¿tenemos la suficiente perspicacia para elegir? Más allá del grado de autonomía con que hayamos forjado nuestra actitud individual, más allá de cuán receptivos o refractarios hayamos sido a las influencias del entorno, lo cierto es que en ciertos momentos nos vemos obligados a echar mano de la perspicacia que tengamos para decidir sobre nuestros personales objetivos y caminos. Eso ocurre en lo más recóndito y secreto de nuestra consciencia, en ese espacio *de profundis* en el que reside nuestro sustrato de humanidad que puede guiarnos hacia el bien o hacia el mal. Ese espacio, en el que el bien y el mal libran su eterna batalla, es llenado por una dimensión natural y otra cultural, cuya interacción es determinante a la hora de tomar nuestras decisiones. La primera es una actitud natural y básica hacia el bien, que en ocasiones es sofocada por la dimensión cultural. Ejemplo: tenemos una actitud natural y básica de respeto a la vida de los otros, máxime si esos otros son gente inocente y buena, pero creencias religiosas aberrantes y alienantes pueden torcernos el alma al punto de inducirnos a cometer contra ellos los más inenarrables actos de odio, terror y muerte.

Así, al no contar con suficiente perspicacia para elegir correctamente, una guía superior y confiable resulta ser de importancia crucial. No es irracional suponer que una guía así nos pueda ayudar a elegir correctamente, humanamente. Al estar sumidos en un mar de relativismos y de dudas, una guía superior puede ser de invalorable ayuda para decidir en base a valores universales y permanentes, y no simplemente en base a nuestros personales intereses. Tal guía puede proporcionarnos un punto de vista que nos trascienda: *"el punto de vista del universo"* [45]. Es que la actitud individual *humanamente correcta* no es la que solo se guía por el interés individual, sino más bien por la verdad, la razón y la justicia, que son valores universales y eternos.

La guía superior no ha de ser necesariamente la ley humana, toda vez que en no pocas ocasiones ésta se contrapone a los valores universales y a nuestra propia consciencia, lo cual le resta legitimidad ante cada uno de nosotros. En realidad, esa contraposición pone en evidencia la necesidad de contar con referentes de nivel superior a la ley misma, que nos ayuden a construir nuestra actitud individual sobre bases sólidas, justas y razonables. Es cierto que la ley es por definición un referente en sí mismo, pero hay algo superior a ella: la legitimidad que da la verdad, la razón y la justicia.

Llegados a este punto debo aclarar que tampoco voy a sumergirme en temas específicos de la ética práctica, tales como: casos en los que la ley colisiona con la verdad y la justicia; conductas a seguir frente a esos casos;

---

[45] Peter Singer, "Etica Práctica" (en su cita a Henry Sidgwick).

procedimientos para enmendar una ley injusta, etc. No, ese no es el talante de este ensayo en lo que respecta al tema de los referentes éticos. Trataré, más bien, de enfocarme en cómo los referentes procedentes de una guía superior son útiles tanto para los que hacen las leyes, como para quienes han de obedecerlas, y en cómo pueden ayudar a los seres humanos a convivir mejor y a resolver los problemas morales que se les presentan.

## La actitud individual y la vulnerabilidad de los "ismos"

Debo ahora hacer un alto en el camino y adelantarme a cierta crítica que eventualmente podría hacerse contra la idea-fuerza de este ensayo: la de la importancia de la actitud individual frente al todo social. En efecto, eventualmente podría considerarse, equivocadamente, que mi enfoque preferente hacia la actitud individual peca de reduccionismo social, es decir, de una tendencia a entender la realidad social a partir del comportamiento de los individuos que lo conforman. Eventualmente podría considerarse que mi "reduccionismo" es opuesto al *holismo* [46] ese holismo tan en boga en el mundo actual  debido a la transnacionalización de las relaciones humanas. Desde luego, tal crítica, incluyendo la supuesta contraposición con el holismo, estarían claramente erradas, pues no se puede entender el análisis holístico y el comportamiento del todo social, sin entender previamente la importancia del comportamiento individual. Más aún, mi análisis de lo individual no se desmarca del comportamiento del todo social como claramente puede verse en la etapa de externalidad del ciclo de las actitudes. Tal crítica sería innecesariamente confrontativa, pues más que opuestos, el reduccionismo y al holismo sociales son más

---

[46] "Doctrina (filosófica) que propugna la concepción de cada realidad como un todo distinto de la suma de las partes que lo componen" (RAE).

bien complementarios. La subsecuente discusión solo sería un falso debate.

Y dada su complementariedad, no entiendo la tendencia moderna a considerar como contrapuestos al reduccionismo y al holismo, tanto más cuanto que en el fondo ambos enfoques han sido nuestros tradicionales aliados desde tiempos pasados para accede al conocimiento, solo que con otros nombres: análisis y síntesis. Reduccionismo es análisis, holismo es síntesis. Y solo para citar un ejemplo histórico no muy lejano: Darwin reconoció que *"Mi mente parece haberse convertido en una especie de máquina que extrae leyes generales a partir de grandes cantidades de datos"* [47], es decir análisis de grandes cantidades de datos individuales que sirven para arribar a grandes síntesis bajo la forma de leyes generales.

¿Es que acaso el reduccionismo es diferente al análisis, y el holismo a la síntesis? No entiendo en qué puedan consistir las diferencias. Si las hay , tal vez sean solo de énfasis, pero eso no podría desvirtuar lo esencial: que reduccionismo y holismo son complementarios, como el análisis y la síntesis también lo son. Por todo ello pienso que, si uno quiere acercarse a la verdad, no es suficiente decir con Aristóteles que el todo es más que la suma de sus partes, ni que el holismo y el reduccionismo son enfoques contrapuestos.

Todo lo anterior me lleva a pensar que los "ismos" (como reduccionismo y holismo) tienen cierto grado de debilidad y vulnerabilidad intrínsecas para acercarse a la verdad; y las actitudes que en esos ismos se fundamentan también adolecen de esas mismas debilidad y vulnerabilidad. No digo que los ismos sean malos, sino que adolecen de cierta proclividad que suele

---

[47] Charles Darwin, "Autobiografía"

orillarlos hacia el error. Esto puede apreciarse en el fracaso  de los sistemas organizacionales sociales; de todos los ismos conocidos, como feudalismo, capitalismo, liberalismo, socialismo, comunismo, y ni qué decir de tantos otros, como los que se dan en el plano político. En la construcción de la actitud individual a menudo se cae en la tentación de guiarse por algún ismo, sin reparar en que éste frecuentemente es sesgado, es decir, más encaminado hacia la propia creencia que a la verdad. La actitud volcada hacia un ismo suele no preocuparse mucho por descubrir la verdad, sino por justificarlo a como dé lugar. Lo racional es que aunque sea partidario de algún ismo, uno esté siempre abierto a escuchar a los demás, dispuesto a rectificar cuando fuere necesario, y atento a la posibilidad de trastocar su propio ismo en otro diferente, tal vez en un eclecticismo en su mejor sentido [48].

### El magisterio de Jesús y las relaciones interpersonales.

Ahora vuelvo a la pregunta que hice anteriormente: ¿tenemos suficiente perspicacia como para escoger correctamente entre el bien y el mal?

Creo que la historia de la humanidad revela claramente que nunca la tuvimos. Necesitamos la ayuda de guías superiores que nos ayuden a no equivocarnos. Necesitamos la ayuda de prójimos sabios y santos. Necesitamos de un Gandhi, de un Buda, de un Tomás de Aquino, etc., pero sobre todo, del más grande de todos ellos: Jesús de Nazaret. La necesitamos, pero a menudo nos negamos a admitirlo. San Agustín creía, allá por el siglo V, que el hombre no puede resistirse al mal sin la ayuda de Dos, y que su problema mayor radicaba en la soberbia de no querer reconocer la necesidad del médico, y pretender salvarse por sí mismo [49].

---

[48] Conciliación de "doctrinas que parecen mejores o más verdaderas aunque procedan de diversos sistemas" (RAE)

Soberbia la hay, pero no se trata solo de eso. Al no conocer el futuro, el "ayudado" no puede validar los consejos que recibe de quien tiene la sabiduría y la experiencia para dárselos; es decir, no puede hacer contrastación alguna entre los consejos que recibe y la realidad (a pesar de que sí podría hacerlo con el pasado). Ese es el momento de echar mano de otra actitud, una que en el plano espiritual se llama fe, y en el del sentido común se la conoce como *perspicacia*: ese aguzar el ingenio o entendimiento para *"escarmentar en cabeza ajena"*, esto es, para *"aprender de la experiencia propia o ajena para evitar caer en los mismos errores"* (RAE).

Por ser los más conocidos en la cultura occidental he de referirme a los principios deontológicos que conllevan las enseñanzas de Jesús, pero antes debo aclarar de qué manera abordo y entiendo sus enseñanzas. Pienso que no cabe considerarlas solo en forma puntual, esto es, acotadas a lo que dice tal o cual versículo especifico del texto bíblico. Hacerlo así puede conducirnos a errores, contradicciones y confusiones. Veamos algunos ejemplos de este peligro. El considerar aisladamente la alegoría que compara la posibilidad de salvación de un hombre rico con la de que un camello pase por el ojo de una aguja, nos lleva no solo a la idea de imposibilidad, sino también a la contradicción y confusión al enterarnos, en otra parte del Nuevo Testamento, de la facilidad y espontaneidad con la que el rico Zaqueo se convirtió en seguidor de Jesús. Aisladamente considerado, el sabio consejo de ser lentos en cuanto a ira parece entrar en contradicción con el súbito y violento desalojo de los mercaderes del templo. Igualmente contradictorios lucirían el mandato de *cuidar el jardín*, con la acción del Maestro de secar la higuera y despeñar la manada de

---

49 Gerardo Chacón Padilla, "San Agustín, Textos Escogidos"

cerdos. Por lo dicho, considero que la forma racional de asimilar las parábolas de Jesús, es considerarlas contextualmente, eso sí, sin abusar del recurso de contextualización, y teniendo en cuenta, además, el carácter simbólico que a menudo tienen. Esto es tanto más necesario cuanto que probablemente no todo el texto bíblico, hasta la última coma, sea de inspiración divina.

Volvamos ahora a las enseñanzas de Jesús. Emergen de una sabiduría que parece estar más allá de nuestro entendimiento. A diferencia de lo que ocurre con sus enseñanzas, es muy difícil conceptualizar su sabiduría con palabras que la retraten clara y fielmente. Su profundidad y riqueza exigen un esfuerzo intelectivo para tan solo otear su vastedad, no digamos para entenderla en su significación cósmica. Es una sabiduría que, entre otros aspectos, es de naturaleza dual, pues considera en su real dimensión la importancia de lo poco y de lo mucho; de lo grande y de lo pequeño; de lo legal y de lo justo; de lo sagrado y de lo profano; de la razón y de lo que *"sale del corazón"*. En cambio, sus enseñanzas no solo que sí son fáciles de asimilar, sino que también calan profundo en las cosas que realmente importan, sobre todo para el largo plazo, sin quedarse en la superficie ni en la inmediatez.

Jesús dijo que él era el camino, la verdad y la vida. ¿En qué consiste esa verdad, en el campo de las relaciones interpersonales? Es la que dimana de la sabiduría que sus palabras exudan. Una sabiduría radical (*mandato de amar*) pero también ecléctica (asumir lo mejor, lo más justo, de las posibilidades que se nos presentan). Sus enseñanzas nos hacen libres porque nuestro cabal entendimiento y fidelidad a ellas nos permite ir a lo más profundo de las relaciones interpersonales, a la mismidad de la realidad social. Y eso nos libera de las dogmáticas visiones de vida relacional entre seres humanos, a las que nos empujan individuos y organizaciones.

De sus enseñanzas claramente se desprende que Jesús considera que hay valores superiores, entre ellos uno que es muy superior a la ley: la justicia. Por eso, cuando la ley colisiona con la justicia opta por ésta última. Pero aquí otra vez surgen dudas cuyos despejes hay que buscarlos en la contextualización. Por ejemplo, cundo dice que hay que dar al César lo que es del César y a Dios lo que es de Dios, cabría preguntarnos: ¿cumplir las dos obligaciones aunque entren en conflicto; aunque cumplir la ley del César implique sacrificar la justicia? Desde luego, no se presentaría este dilema si la ley estuviere conforme a la justicia, ¿pero qué pasa si no? Claramente se aprecia que hace prevalecer la justicia basada en el amor, sobre las leyes humanas que se le opongan. Basta con recordar el incidente de la mujer adúltera en peligro de ser lapidada por haber infringido una antigua ley, que fue salvada de la muerte por la intervención de Jesús; el rechazo a la ley del talión, y en su lugar el consejo de no violencia. Y no solo que hizo prevalecer la justicia sobre la ley, sino que también fue proactivo, al señalar casos en los que la justicia debe ir más allá de lo que la ley prescriba, tales como: el de amar al enemigo en lugar de odiarlo; el de no solo no matar, sino tampoco odiar; el de no solo no cometer adulterio, sino tampoco desear hacerlo; y, por cierto, su promesa de que en el futuro los que tengan *hambre y sed de justicia* serán saciados. Así pues, la contextualización nos aclara que cumplir nuestras obligaciones con la ley y con la justicia no son necesariamente contradictorias, y que en el caso de que lo fueran hay que buscar la forma pacífica de que la justicia prevalezca. Su declaración sobre pagar el impuesto al César fue pues una referencia a que si bien estamos sujetos a leyes divinas, también lo estamos a las del mundo.

 Su ética se eleva por sobre las estructuras éticas humanas, de modo que su mandato de amor llega a abarcar todo lo bueno que podamos hacer en favor del prójimo, más allá de lo que digan las teorías éticas humanas, como las del consecuencialismo y la deontología [50]. Jesús coloca el desarrollo espiritual *individual* en el centro mismo de las soluciones sociales, muy por arriba de las soluciones organizacionales. Si quisiéramos resumir su mensaje, en lo que a las relaciones interpersonales se refiere, podríamos decir que su principal advertencia fue la de que sin un desarrollo espiritual *individual,* el todo social no puede aspirar a desarrollarse de modo integral y satisfactorio, pues no puede ser mejor si sus partes no contribuyen a hacerlo mejor, o peor aún, si trabajan para hacerlo peor. En este punto cabe aclarar que el desarrollo espiritual individual al que apunta el mensaje de Jesús no es aquel sesgado a atender solo los propios intereses del individuo, sino aquel otro que, sin dejar de dar una razonable atención a los intereses y necesidades propias, también considera, de manera atenta y solidaria, los intereses y necesidades de los demás.

Con respecto a la espiritualidad, el historiador español César Vidal considera que quizás lo más impactante de la visión de Jesús *"...es que la misma estaba impregnada hasta la médula de una perspectiva espiritual"*, reconociendo eso sí que en su tiempo existían fuerzas del bien y del mal, así como problemas y causas relacionados con ellos, pero que en

---

[50] Como ya lo registré anteriormente, el consecuencialismo sostiene que lo bueno o lo malo de una acción está determinado por sus consecuencias, en tanto que la deontología propone que lo está por valores ex ante, es decir, por el *deber ser.*

definitiva todas esas circunstancias tenían un fondo puramente espiritual. *"Quizás alguien esperaría ver a Jesús culpando de los males de su tiempo al imperialismo romano o a la pésima distribución de la riqueza en la Palestina de su época, pero apenas puede encontrarse una imagen más lejana de la realidad que ésa",* agrega [51].

Por todo ello Jesús también nos transmite la idea de que, visto el papel protagónico de lo individual, lo fundamental es la lucha de cada quien consigo mismo: una lucha que conlleva disciplinar nuestros pensamientos y sentimientos. El amar al enemigo, el perdonar cuantas veces sea necesario, el ser lentos en cuanto a ira, son mandatos que exigen de nosotros una permanente lucha al interior de nuestro propio yo.

Sus advertencias proféticas sobre la degradación de los valores morales son absolutamente coherentes con la abominable realidad que estamos viviendo todos los días. La elevación de nuestro desarrollo espiritual individual con una clara preeminencia sobre lo material, se ha vuelto más necesaria que nunca. Pero en el mundo actual la prioridad está invertida: primero lo material, lo prosaico, lo banal, las adicciones -en especial la adicción al poder- después lo espiritual, sin darnos cuenta que en esa inversión es donde reside la raíz de muchos de nuestros males.

En fin, una enseñanza fácil de entender, pero sustentada en una sabiduría profunda muy difícil de aprehender. Y como resultado de todo ello, una deontología muy superior a la nuestra. En las enseñanzas de Jesús hay una clara visión de futuro, una advertencia profética, pues hoy, dos mil años después, es clamoroso el desfase entre lo espiritual-individual y lo material. La advertencia es más actual que nunca, pues todos los sistemas

---

[51] Céar Vidal, "El Documento Q", Editorial Planeta, 1993

organizacionales de la sociedad han fracasado, de modo que lo único que podemos decir de esos sistemas, con apego a la verdad, es que algunos de ellos han sido menos malos que otros. Por todo ello también nos transmitió la idea de que, visto el papel protagónico de las actitudes y conductas individuales, lo fundamental es la lucha personal de cada uno consigo mismo, disciplinando sus popios pensamientos y sentimientos.

En el marco de esas enseñanzas, lo que podríamos llamar amor *construible* emerge como pieza clave. Se trata de un tipo de amor que no se siente espontáneamente, sino que se lo construye deliberadamente. Es pensamiento y voluntad, y está indisolublemente ligado a la verdad y a la justicia. También se lo conoce como amor *agape*, aunque yo prefiero la anterior denominación por su idea implícita respecto a la factibilidad de construirlo. Toda la sabiduría subyacente en el magisterio de Jesús sobre esta materia parece resumirse en su mandato de *construir* amor (más allá de que quizás nunca utilizó esta palabra). Este mandato, que en el fondo es un mandato de actitud, de una actitud individual amorosa, es el *non plus ultra* de lo que debe hacerse en materia social, es el referente deontológico más destacado.

Sus mandamientos, todos ellos sobre el *deber ser*, es decir, deontológicos, los expuso en su sermón del monte. En ninguna ocasión, ni en esa ni en cualesquiera otras, predicó la violencia. Si bien el desalojo a los comerciantes del templo fue una acción violenta, no fue ni de lejos una violencia malsana, que atentase contra la integridad física de aquellas personas; fue más bien una violencia "light", instructiva, que fue justificable y necesaria dadas las circunstancias, y conllevó el reconocimiento implícito de que suelen presentarse casos en los que es necesario hacer excepciones razonables al principio universal de la no violencia.

¿Por qué los seres humanos, o al menos una buena parte de ellos, no han puesto en práctica las enseñanzas de Jesús, y siguieron sumidos en su insensatez? ¿Por qué no emergen centésimos monos que desencadenen corridas colectivas hacia el bien? Porque *así lo decidieron, en base a su libertad de elección*, sería la respuesta recurrente. Sin perjuicio de tal respuesta, y hurgando más a fondo, lo que se encuentra es que en cada ser humano se desarrolla una permanente lucha entre el bien y el mal. Un mal cuya torva presencia al interior del ser humano no siempre es percibida por éste de manera clara y distinta, debido a la sutileza con la que suele presentarse, al punto que el individuo puede, incluso, no darse cuenta que lo que está haciendo o planeando hacer es malo.

¿Por qué tantos seres humanos eligen el mal? ¿Es parte de la condición humana que en muchos de nosotros prevalezca el mal sobre el bien? Solo hay certeza de una cosa: que al estar dotados de consciencia, libertad y sobre todo *voluntad,* estamos en capacidad de revertir esa situación. Es que la voluntad y la libertad constituyen la esencia misma de la condición humana.

**Una impeditiva y desalentadora realidad.**

Mas he aquí que también hay algo impeditivo y desmoralizador en el mensaje de Jesús, no por causa de sus enseñanzas sino en razón de nuestra idiosincrasia y nuestra insensatez, o, para decirlo en corto, por nuestro subdesarrollo espiritual individual. ¿En qué consiste ese algo? Trataré de describir ese estorboso incordio, tal como yo lo percibo.

Antes, permítaseme volver brevemente al relato del centésimo mono. Vimos que llega un momento en que una conducta que inicialmente es la de un solo individuo, pero que luego empieza a pluralizarse, de pronto, cuando se alcanza cierta masa crítica, se generaliza. Entonces todo el conjunto de individuos adopta la misma conducta, y aunque unos pocos individuos no lo hagan, su importancia e influencia es muy marginal, al punto que a largo plazo su disidente conducta desaparece arrasada por la conducta dominante. Pero si la conducta originalmente singular no se pluraliza hasta alcanzar la masa crítica, simplemente la generalización no se produce.

Algo parecido ocurre en un campo diferente al social, el de la neurociencia. Existe un principio neurofisiológico conocido como ley del "todo o nada", según el cual, cuando la intensidad de un estímulo alcanza o supera cierto nivel o "umbral" de excitación de las neuronas, se desencadena cierta actividad en éstas, pero si la intensidad del estímulo producido no alcanza el umbral, entonces no se produce reacción neuronal alguna, a pesar de existir estímulo. En eso consiste ese todo o nada, ese ser o no ser.

He traído a colación estos dos antecedentes en calidad de símiles para intentar explicar en qué consiste aquel algo impeditivo y desalentador en el mensaje de Jesús: si la actitud individual humanamente correcta, es decir, aquella que nos proporciona *el punto de vista del universo*, no se pluraliza lo suficiente, entonces no se alcanza la masa crítica; la generalización total o casi total no se produce, y la entropía sigue haciendo de las suyas. Seguirá habiendo toda clase de crímenes, toda clase de injusticias, florecerán los antivalores, y el mal seguirá omnipresente. Solo con actitudes individuales orientdas al bien, *unánimes o casi unánimes,* permanentes y a nivel planetario, será posible desterrar definitivamente  los males de toda laya que nos aquejan.  Ese es el umbral al que no hemos podido llegar siquiera, peor sobrepasar. Por eso es que no podemos alcanzar el "todo", solo la "nada", o la casi nada.

Ahora tal vez se pueda entender mejor el real alcance del mensaje de Jesús en lo que a las relaciones interpersonales concierne. En efecto, si se lo considera en su conjunto se puede apreciar que apela a la consciencia de *todos* los seres humanos; al desarrollo espiritual de *todos*. En efecto, la universalidad de su ética es ya un claro indicio de que el objetivo de Jesús era el de que todos los seres humanos la acaten y actúen conforme a ella. Por eso es que, luego de resucitado, envió a los apóstoles a hacer discípulos entre la gente de todas las naciones, lo que también sugiere no solo que sus enseñanzas eran para todos los seres humanos sino también que era necesario que todos ellos las acogieran. Desde luego, la visión de Jesús iba mucho más allá de las relaciones interpersonales, pero evidentemente las incluía, y llevaba implícita la idea de que solo así, mediante el desarrollo espiritual de todos,  puede florecer la verdad y la justicia entre los hombres.

¿Pero es factible que en una especie de seres vivos de 7 mil millones de individuos, todos o casi todos lleguen a practicar el bien y solo el bien? Ahí radica ese incordio impeditivo y desalentador, dado por la baja probabilidad de que esa meta algún día se pueda alcanzar. Pero entonces, ¿hay o no hay una ventana a la esperanza para la humanidad? Creo que la única esperanza es saber, estar conscientes, de que si -siguiendo las enseñanzas de Jesús- las actitudes individuales cambiaran de signo, de malas a buenas, los mecanismos de propagación de las actitudes individuales trabajarían a favor del bien; que desaparecería el impedimento; y, que ese cambio aseguraría el ascenso del todo social en todos los órdenes.

¿Pero qué pasa si no hay unanimidad o casi unanimidad? La mecánica del centésimo mono no se desencadena, en cuyo caso las actitudes buenas de los que sí alcanzan su desarrollo espiritual individual no es suficiente, pues la masa de los que no lo hacen es suficiente para que el mal moral[52] continúe en el mundo, y aunque ese mal se atempere, eso sería solo de manera precaria, pues continuaría ahí,  al acecho, para malograr el ascenso de a humanidad.

## La unanimidad necesaria

Entonces, el gran desafío al que se enfrenta la humanidad, relacionado con la actitud individual, es el de que las actitudes que busquen mejorar el mundo han de cumplir con un requisito de *unanimidad,* sin el cual no se podrán alcanzar sus objetivos. Para alcanzarlos será necesario que todos o casi todos los seres humanos se imbuyan de esa clase de actitudes.

La actitud individual siempre es *relacional,* es decir, relacionada con algo, con alguna visión de las cosas, con algún interés propio del sujeto, con algún objetivo predeterminado, en suma, siempre es una actitud ante algo. Estos *"algo"* son incontables, y pueden ser desde un evento u objeto específico, hasta la vida misma. Entonces también surge otra inevitable pregunta: siendo tan variopintas las actitudes, ¿puede haber actitudes comunes? Desde luego que sí, dado que precisamente por esa

---

[52] El originado en el comportamiento humano, no el que proviene exclusivamente de la naturaleza no humana.

multiplicidad de visiones, intereses y objetivos, pueden producirse afinidades y posiciones comunes. Y es esa posibilidad la que arroja una luz de esperanza en cuanto a alcanzar las unanimidades universales que la humanidad tan urgentemente necesita.

La unanimidad, por otro costado, deberá ser dual: unanimidad en las actitudes y unanimidad en las acciones o conductas. De poco sirve que haya unanimidad en las actitudes si no va acompañada de otra unanimidad, la de las acciones. Por ejemplo, el problema del cambio climático requiere no solo unanimidad en las actitudes declarativas de los líderes, sino también y unanimidad en cuanto a las medidas a ser tomadas para atajarlo primero, y revertirlo después. También es necesario que las personas comunes y corrientes guarden coherencia entre sus actitudes y sus acciones. Las personas podrían reaccionar con una actitud de preocupación y buenas intenciones al enterarse que existe una enorme masa de desehechos plásticos, del tamaño de Francia, flotando en el Océano Pacífico, pero aún así no reducir su consumo de productos plásticos. En estos casos las unanimidades y las coherencias no solo que deben ir de la mano sino que también deberán ser planetarias y no meramente locales.

Otro ejemplo de unanimidad dual y planetaria *requerida* emerge de la globalización económica y de los problemas sociales implicados. La globalización económica tiene beneficios innegables, pero, a su vez, crea problemas sociales también innegables, cuya solución requiere unanimidades duales actitud-acción de alcance planetario. Por ejemplo, la automatización de la producción de bienes y servicios -que se mundializa por el acicate de la competencia global- requiere medidas compensatorias, a nivel planetario, que preserven el empleo de una manera racional. En efecto, así como no se puede negar que las nuevas tecnologías crean nuevas necesidades y por ende nuevas plazas de empleo, tampoco se puede negar que el efecto primario y obvio de la automatización es un menor requerimiento de trabajo humano directo en las actividades automatizadas. ¿Cuál es el resultado neto de estas dos fuerzas contrapuestas en materia de empleo, *a nivel planetario*? A los políticos y a los académicos no parece interesarles investigar cuál es ese resultado neto, que de ser negativo, o incluso positivo por el crecimiento espurio del consumo [53] ameritaría unanimidad mundial en cuanto a rebajar la jornada laboral diaria. Obviamente que de no ser de nivel planetario, la unanimidad no sería tal, ni sería eficaz, debido a la globalización comercial. La reducción de la jornada laboral parece ser tanto más necesaria cuanto que también en un número creciente de países se está aumentando la edad de jubilación, medida buena para el financiamiento de la seguridad social, pero mala para el empleo de las nuevas generaciones.

Como hice ver en el preámbulo, Pierre Teilhard de Chardin trató el tema de la unanimidad desde una óptica distinta, tipo macro: la biológico-evolutiva. ¿Qué se requiere -se preguntó- para que la humanidad crezca espiritualmente? Y se respondió: que los humanos se acerquen entre sí, y no por coerción de fuerzas externas sino *"por unanimidad en un mismo espíritu...por atracción interna"*. Se requiere que acrecienten su personalidad individual, lo cual es una *"operación delicada, y que, biológicamente, no parece poder efectuarse fuera de una atmósfera...de*

---

[53] Por ejemplo, aumento en el consumo de productos plásticos cuyo uso dura solo unos segundos, pero cientos de años su degradación.

*unanimidad"*. Luego, con su optimismo característico, agregó que, a pesar de apariencias en contrario, la humanidad no solo que es *"unanimizable"*, sino que se halla en vías de *"unanimización"*. También subraya que la unanimización en la que cree, es una unanimización *"libre y consentida"*; y, que un primer indicio de ella es nuestro *"sentido de la especie"* [54].

## La actitud idónea

Aceptar lo bueno venga de donde venga, y rechazar lo malo, también venga de donde venga, y siempre buscando la verdad, es, para decirlo resumidamente, la mejor y más racional actitud de vida, la que nos conecta con el proyecto cósmico de Dios. Suena sencillo, pero no lo es. No lo es porque esa clase de actitud nos obliga a ser sinceros con nosotros mismos a la hora de decidir si algo es bueno o malo, y si nos acerca o no a la verdad. Nos obliga a admitir que la realidad es lo que es, independientemente de cómo nos la representemos; a reconocer que necesitamos ayuda superior para juzgar correctamente; a aceptar nuestros errores y a no pavonearnos por ahí por nuestros supuestos aciertos. Tampoco es sencillo porque la humanidad ha puesto toda clase de obstáculos para el acceso a la verdad, al punto de casi invisibilizarla. ¿Qué clase de obstáculos? Cánones, costumbres, tradiciones, ideologías, prejuicios, modas, mentiras puras y duras, etc.

Entonces, al volver sobre la necesidad de ayuda superior para bien juzgar, advertimos que el mensaje de Jesús -en lo que a las relaciones interpersonales concierne- descansa sobre un sustrato de sabiduría difícil de asimilar, a diferencia de su mensaje mismo, tan fácil de entender. Una sabiduría que parece pivotear en torno a la necesidad de *captar el real*

---

[54] Pierre Teilhard de Chardin, "El Porvenir del Hombre" y escritos relacionados.

*sentido* de las cosas, sin quedarse en la superficie de ellas ni en su inmediatez. De no dejarse engatusar por por aquellos que mal usan aquello de que *"el fin justifica los medios",* en circunstancias que sus protervos fines realmente no lo hacen; en realidad, a menudo suele ocurrir que los medios reflejan los fines que se proponen [55]. Una sabiduría, la de Jesús, que, entre otros aspectos, es de naturaleza dialéctica, pues, reitero, considera en su real dimensión la importancia de lo poco y de lo mucho; de lo grande y de lo pequeño; de lo legal y de lo justo; de lo sagrado y de lo profano; de la razón y de lo que *"sale del corazón".* Se trata de una dialéctica que permite llegar, a través del significado de las palabras, al sentido profundo de lo que con ellas se quiere comunicar, y con ello a una sabiduría basada no solo en principios universales sino también en sus excepciones. Cuando manda dar al César lo que es del César y a Dios lo que es de Dios, Jesús está poniendo en práctica esa dialéctica: su opción clara y contundente en favor de la justicia, reiterada en varias partes de su mensaje, no le impide reconocer que nos movemos entre obligaciones mundanas y divinas. Y por supuesto, cuando se produce colisión entre ambas, su mandato es optar por las segundas, sin duda alguna. Sí a la ley mundana, pero no incondicionalmente. He ahí una sabiduría profunda en la que debería inspirarse una actitud individual idónea.

Ahora bien, ¿cuál es esa verdad para cuyo acceso existen tantos obstáculos, que a menudo hacen que se la perciba a medias o peor aún, distorsionada y erradamente? Puede ser tanto la realidad material como la inmaterial, la física como la meramente inteligible. En el plano ético, la

---

[55] Nelsa Curbelo, periodista del diario *El Universo,* de Ecuador sostiene que *"...el fin está en los medios, como el árbol está en la semilla"*

percepción errada de la realidad nos induce muchas veces a penar que lo que es malo en sí mismo es bueno, y lo que es bueno en sí mismo es malo, como ya lo destaqué en el prólogo al citar a Isaías 5:20. La casuística de percepciones erradas de la realidad, en el plano ético y en otros, podría prolongarse al infinito, por decirlo de alguna manera, de modo que lo único que podemos hacer es reconocer que la posibilidad de errar es algo intrínseco a nosotros mismos, un algo con el que tenemos que convivir. Si no consideramos con perspicacia lo que nuestros sentidos nos transmiten; si no tenemos en cuenta que a veces las cosas no son lo que parecen ser, y aceptamos lo que prima facie nuestros sentidos nos muestran, corremos el riesgo de llegar a tener una representación equivocada de la realidad. Pero ojo, también el no hacer caso a lo que nuestros sentidos nos dicen puede conducirnos al despeñadero, pues a menudo las cosas sí son lo que parecen ser, de modo que siempre tenemos por delante dualidades que desafían nuestra perspicacia. Perspicacia es lo que se necesita para separar el acierto del error, la sabiduría de la ignorancia. Una recta actitud individual es lo que finamente cuenta, y la más idónea es aquella que frente a las dualidades a las que frecuentemente nos enfrenta nuestra existencia, no toma posiciones inamovibles, militantes con una u otra alternativa, pero tampoco deriva hacia un relativismo acomodaticio que cierra los ojos para no ver la realidad.

Ahora podríamos preguntarnos si existe una actitud individual recomendable, una actitud modélica, con respecto a las relaciones interpersonales, que emerja de las enseñanzas de Jesús. Es claro que lo que mejor define el esquema deontológico éticamente deseable del ser humano (es decir, lo *deber ser*), y con ello la actitud modélica, emerge con trazos nítidos del conjunto del magisterio de Jesús, en especial del sermón del monte. Emerge en tres categorías de actitudes relativas a: lo que debe ser, lo que no debe ser, y lo formal.

Entre *lo que debe ser* podríamos mencionar: pureza de corazón y disposición anímica a construir cierta clase de amor (amor construible) que no excluye a nadie, ni siguiera al enemigo, como forma no solo de dar cumplimiento a su mandato de amor sino también de asegurarnos una base racional, inteligente y plausible para hacerlo. Proclividad al perdón, especialmente necesaria para romper la cadena de odio y revancha que tanto daño hace a las relaciones interpersonales. Anhelo de justicia, y como consecuencia de lo anterior, actitud bondadosa, misericordiosa y solidaria con todos, de modo que nadie quede excluido de la obligación de practicar, ni del derecho a beneficiarse, de la construcción de amor. Pacifismo ("genio apacible") en la búsqueda de soluciones a los problemas, sin desechar a priori las que otros propongan bajo ese mismo talante de paz. Eclecticismo que busque siempre la verdad y la justicia, sin aprovecharse de él para procurar objetivos más bien espurios y mezquinos. Disposición a captar el real sentido de las cosas, sin dejarnos obnubilar por superficialidades y apariencias. Consciencia de que también estamos hechos de una muy importante dimensión espiritual ("Felices son los que están conscientes de su necesidad espiritual"), y que, en consecuencia, tenemos que adoptar una actitud que priorice la elevación espiritual individual por sobre lo organizacional e ideológico. Razonable desapego a las riquezas materiales que, cuando se las endiosa, distorsionan el real sentido de la vida. Racionalidad y humanidad al juzgar la conducta de los demás, y sobre todo, coherencia con el comportamiento del propio juzgador (la paja en el ojo ajeno). Reconocimiento de que en el yo profundo se libra una permanente contienda entre el bien el mal, y que, como consecuencia de ello, hay que estar conscientes de que no estamos libres de tomar decisiones equivocadas. Estar siempre dispuestos a disciplinar nuestros pensamientos y sentimientos -y a rectificar cuando sea necesario hacerlo- por el bien de todos.

Entre lo que *no debe ser* está el no hacer aquello que en el sermón del monte se nos prohíbe: la violencia y la injusticia; la hipocresía y el ser como *sepulcros blanqueados;* el quitar la vida a otro ser humano, o abrigar odio y rencor contra él; el cometer adulterio, incluso el incurrir en lascivia (sino más bien tener respeto por el matrimonio); el robar, e incluso el desear hacerlo; el levantar falso testimonio, etc.

Entre los aspectos formales están aquellas otras aristas de la actitud individual que parecerían ser de poca monta, sin serlo en modo alguno, como: el ser sobrios, precisos y responsables en el uso del lenguaje, evitando sus excesos, tan en boga hoy en día; el de ser coherentes en lo que decimos y hacemos, salvo cuando ello atente contra la verdad y la justicia; el de ser francos y abiertos; el de ser sencillos y humildes *("pobres de espíritu")* en nuestras relaciones con los demás; el de ser lentos en cuanto a reaccionar con iracundia frente al mal moral y a otros errores del prójimo; el de no anhelar ocupar siempre los primeros lugares; el no presumir de ser justos, etc.

Así pues, y respondiendo a nuestra pregunta: sí, definitivamente sí hay una actitud canónica concerniente a las relaciones interpersonales, que emerge inequívoca, clara e insoslayable del magisterio de Jesús en su conjunto, como lo muestran los temas ya mencionados, ente otros. Y lo más importante de la actitud modélica es que sin una vasta pluralización de ella jamás podremos tener un mundo de relaciones interpersonales que, en su conjunto, sea realmente mejor y más justo.

## Resumen y conclusiones

Para bien o para mal hay una relación inescapable entre la actitud individual y el comportamiento del conjunto social. Por eso, las pretendidas transformaciones sociales hacia el bien mediante arbitrios organizacionales exclusivamente, son solo *sueños de perro* [56], inalcanzables, si no se sustentan en actitudes individuales que apunten en esa dirección. Es que por sí solo, lo organizacional no soluciona, no puede solucionar, los problemas sociales. Como lo destaca el comentario humorístico, relativo a las ideologías, atribuido a J. K. Galbraith: *"Bajo el capitalismo el hombre explota al hombre. Bajo el comunismo, es justo lo contrario"*. Y no los puede solucionar porque  lo que ocurre en el orden social es que su conjunto no puede ser aquello respecto a lo cual sus partes sean opuestas.

Además, para alcanzar el objetivo del bien común es necesario que las actitudes individuales buenas se generalicen a tal punto que no dejen espacio a las malas. Si la generalización de las buenas actitudes no se logra, tampoco es posible lograr el bien común, y si por algún motivo se lo lograse, pese a su escasa o ninguna generalización, el mal seguiría ahí, larvado, esperando la primera oportunidad para manifestarse. Y respecto a esto último, la mala noticia es que los mecanismos de pluralización de las actitudes también sirven a la propagación del mal.

No es coincidencia entonces que el mensaje de Jesús, en lo que concierne a las relaciones interpersonales, apunte hacia la elevación espiritual individual de todos. En efecto, el Maestro coloca al desarrollo espiritual individual en el centro mismo de las soluciones sociales, muy por arriba de las soluciones organizacionales. Si quisiéramos resumir su mensaje, en lo

---

[56] Aforismo popular ecuatoriano.

que a esas relaciones concierne, podríamos decir que su principal advertencia es la de que sin un desarrollo espiritual individual el todo social no puede aspirar a desarrollarse de modo integral y satisfactorio, pues el todo no puede ser aquello a lo que sus partes se opongan. Esa oposición es una barrera imposible de franquear; una impedancia social imbatible por medios exclusivamente organizacionales. También nos transmite la idea de que, visto el papel protagónico de lo individual, lo fundamental es la lucha personal de cada quien consigo mismo: el disciplinar los pensamientos y sentimientos, el amar al enemigo con cierto tipo de amor (construible), el perdonar cuantas veces sea necesario, son casos en los que el telón de fondo es esa permanente lucha interior.

Las advertencias de Jesús sobre la degradación de los valores morales son absolutamente coherentes con la abominable realidad que estamos viviendo todos los días, una realidad social en la que los valores morales se baten en retirada, y en la que, al decir de Ernesto Sabato, *"Nada queda por ser respetado"*. Por eso la elevación de nuestro desarrollo espiritual individual, con una clara preeminencia sobre lo material, se ha vuelto más necesaria que nunca.

Sinceramente creo que no andaba despistado cuando, haciendo caso a mi intuición, decidí que el tema de la actitud individual era de la mayor importancia, mayor incluso a otras importantes temáticas sociales. La idea central que intenté desarrollar es la de que sin una adecuada y generalizada actitud individual no es posible llegar a tener sociedades mejores, en lo que a las relaciones entre su gente concierne, como lo señalé en el prólogo. Por todo eso consideré que bien valía la pena analizar en profundidad el tema y entender sus proyecciones, como he intentado hacerlo en este pequeño ensayo.

Y ya para terminar debo destacar que, pese a mi visión sobre la importancia de la actitud individual, no he caído en la tentación de proponer soluciones intervencionistas desde el poder, esto es, desde el ámbito organizacional-ideológico, pues bien sé que la actitud individual de los interventores adolece de las mismas aberraciones del común de la gente. Lo mío ha sido solo un clarinazo de atención a que ahí, en la actitud individual, está la clave del verdadero desarrollo social. La única propuesta -si cabe el término- que implícitamente he tratado de formular, es la de poner nuestras actitudes y nuestras conductas en conformidad con el magisterio de Jesús de Nazaret.

--- o ---